Das

Anfechtungsgesetz

vom 21. Juli 1879

und die

§§ 29 ff. der Konkursordnung

vom 10. Februar 1877

erläutert

durch die Entscheidungen des Reichsgerichts

von

Waldemar Luks,
Justizrath.

Zweite, vermehrte Auflage.

Berlin 1902.
Verlag von H. W. Müller.
(W.) Potsdamerstr. 121 k.

Vorwort zur ersten Auflage.

Zunächst zum eignen Gebrauche und um das Nachschlagen zu erleichtern, habe ich die auf die Anfechtungsgesetze bezüglichen und bis auf die neueste Zeit reichenden Entscheidungen unseres höchsten Gerichtshofes gesammelt und geordnet. In der Hoffnung und mit dem Wunsche, daß die Zusammenstellung einen kleinen Nutzen und Hilfe auch Anderen gewähre, entschloß ich mich, sie zu veröffentlichen. Um eine Prüfung und eigenes Studium zu ermöglichen, sind die Stellen, an welchen die einzelnen Entscheidungen abgedruckt stehen, genau angeführt.

Muskau O.-L., Januar 1889.

Vorwort zur zweiten Auflage.

In der vorliegenden neuen Auflage ist der Gesetzestext in der seit 1. Januar 1900 giltigen Fassung wiedergegeben, die eingetretenen Änderungen sind berücksichtigt und die zahlreichen neu ergangenen einschlägigen Reichsgerichts-Entscheidungen aufgeführt.

Möge das vervollständigte Werkchen auch in seiner jetzigen Gestalt sich Freunde erwerben und die richtige Anwendung des Anfechtungsgesetzes erleichtern helfen!

Waldenburg i. Schl., Januar 1902.

Luks.

Erklärung der Zeichen.

A. 5, 210 = Annalen des Reichsgerichts, Band 5, Seite 210.

BPr. I, 335 = Bolze, Praxis des Reichsgerichts, Band I, Fall 335.

CS. = Civilsenat des Reichsgerichts.

E. 6, 140 = Entscheidungen des Reichsgerichts in Civilsachen, Band 6, Seite 140.

GrB. XXV, 838 = Gruchot, Beiträge zur Erläuterung des deutschen Rechts, Jahrgang XXV, Seite 838.

JW. 83, 141 = Juristische Wochenschrift, Jahrgang 1883, Seite 141.

Gesetz,

betreffend die Anfechtung von Rechtshandlungen eines Schuldners außerhalb des Konkursverfahrens.

Vom 21. Juli 1879.

(RGBl. S. 277.)

In der Fassung der Bekanntm. vom 20. Mai 1898.

(RGBl. 1898 S. 709.)

(Die Abweichungen von dem früheren Gesetzestexte sind durch gesperrte Schrift angedeutet.)

---

§ 1.

Rechtshandlungen eines Schuldners können außerhalb des Konkursverfahrens zum Zwecke der Befriedigung eines Gläubigers als diesem gegenüber unwirksam nach Maßgabe der folgenden Bestimmungen angefochten werden.

(Zweck des Gesetzes.) Das Gesetz verordnet nur eine einseitige Wiederherstellung der Rechtslage vor dem Veräußerungsgeschäfte zu Gunsten des redlichen Anfechtungsgläubigers, es regelt nicht das Verhältnis des Anfechtungsbeklagten zum Schuldner. JW. 84, 89. V. CS. 29. 1. 84.

Zweck der Anf.Klage ist die Wiederherstellung des Rechtszustandes, wie er vor der angefochtenen Rechtshandlung bestand; sie ist darauf gerichtet, dem Vermögen des Schuldners die daraus entfernten Objekte der Zwangsvollstreckung zum Zwecke der Befriedigung des Gläubigers wieder zuzuführen. JW. 97, 368. V. CS. 2. 6. 97.

Die Anfechtung berührt das Verhältnis zwischen den Kontrahenten des Rechtsgeschäfts nicht. Sie hat lediglich den Zweck der

Befriedigung des Anfechtungsgläubigers. JW. 98. 52. II. CS. 7. 12. 97. Sie schafft deshalb auch kein Recht zwischen dem Anfechtungsbeklagten und irgend einem Dritten, sodaß auch nicht, wenn eine für den Anfechtungsbeklagten eingetragene Hypothek dem Anfechtungskläger gegenüber für unwirksam erklärt wird, etwa ein nacheingetragener Hypothekengläubiger nachrückt. JW. 01, 162. VII. CS. 29. 1. 01. Ebensowenig wird durch das in einem Anfechtungsprozesse nach dem Klageantrage ergehende Urteil die angefochtene Rechtshandlung ein für allemal als unwirksam zwischen den Prozeßparteien erklärt, sondern nur in Bezug auf die bestimmte Forderung, zu deren Befriedigung die Klage erhoben, und insoweit, als es zu dieser Befriedigung erforderlich ist. E. 39, 5. VI. CS. 1. 3. 97.

(Gerichtsstand.) Der Gerichtsstand des § 29 CPO. ist bei Anfechtungsklagen, die sich auf Verträge beziehen, nicht begründet.

Rechtshandlungen, welche der Schuldner in der dem anderen Teile bekannten Absicht, seine Gläubiger zu benachteiligen, vorgenommen hat, und die Mitwirkung des anderen Teiles dabei sind als civilrechtliche Delikte anzusehen und können deshalb im Gerichtsstand der unerlaubten Handlung angefochten werden. GrB. XXVII, 1064. IV. CS. 18. 11. 82.

(Rechtshandlungen.) Unter „Handlungen" sind nicht bloß die rein körperliche Thätigkeit des Handelnden, sondern vielmehr auch die durch Benutzung anderer Kräfte, die er zu diesem Zwecke in Bewegung setzt, herbeigeführten Veränderungen zu verstehen, JW. 94, 316. VI. CS. 26. 4. 94, also z. B. die Thätigkeit des Gegenkontrahenten eines früheren Geschäfts, gegen welchen er einen Anspruch auf Vertragserfüllung hatte.

Rechtshandlung ist jeder auf dem Willen des Schuldners beruhende Akt, welcher geeignet ist, unmittelbar oder in seiner Folge die Gläubiger zu benachteiligen. BPr. VI. 283.

Es ist nicht erforderlich, den Rechtsgrund für eine angefochtene Eigentumsübertragung besonders festzustellen, denn eine „Rechtshandlung" liegt schon in der Eigentumsübertragung selbst. JW. 97, 240. III. CS. 30. 3. 97.

Was von Rechtshandlungen des Schuldners gilt, gilt auch von Handlungen des gesetzlichen Vertreters eines Schuldners. JW. 97, 466. III. CS. 2. 7. 97.

Als anfechtbare Rechtshandlung galt früher auch die Aus=

schlagung einer Erbschaft seitens des suus heres; das ist für das neue Recht weggefallen.

Eine durch das Gericht ausgesprochene Entziehung des Nießbrauchsrechts ist in keinem Falle als Rechtshandlung des Schuldners anzusehen, die angefochten werden könnte. JW. 95, 9. VI. CS. 15. 11. 94.

(Wirkungskreis des Gesetzes.) Es bezieht sich der § 1 auf alle Fälle der Befriedigung eines Gläubigers außerhalb des Konkursverfahrens und stellt damit auch die Anfechtung der Realgläubiger im Zwangsversteigerungsverfahren unter die allgemeinen Regeln. JW. 87, 15. VI. CS. 29. 11. 86.

Das Anfechtungsgesetz findet keine Anwendung auf Rechtshandlungen, durch welche nur eine Vermehrung des Vermögens abgelehnt wird. GrB. XXVI, 828. V. CS. 17. 12. 81.

Das Gesetz findet keine Anwendung auf simulierte Rechtsgeschäfte, BPr. V, 331. II. CS. 4. 11. 87, wohl aber kann die Anfechtungsklage außer auf den Grund der Simulation gleichzeitig auch auf die Bestimmungen des Anfechtungsgesetzes gestützt werden. JW. 97, 548. V. CS. 22. 9. 97.

Der Anfechtungsanspruch richtet sich materiell nicht gegen den Schuldner, sondern gegen den Mitkontrahenten bezw. Bedachten. Die Hereinziehung des Schuldners in den Prozeß ist nicht erforderlich, deshalb ist dieser befugt, mit Erfolg seine Passivlegitimation zu bestreiten und Abweisung der Klage ihm gegenüber zu beanspruchen. JW. 95, 385. II. CS. 9. 7. 95.

(Bedingung der Anfechtung.) Ein Anfechtungsgrund liegt nicht vor, wenn zur Zeit seiner Erhebung der benachteiligende Erfolg bereits wieder beseitigt war, sei es, daß die Rechtshandlung durch gemeinsames Einverständnis der Kontrahenten wieder aufgehoben wurde, oder daß der Begünstigte unter Verzichtleistung auf den ihm durch das Geschäft erwachsenen Vorteil das Empfangene in das Vermögen des Schuldners wieder zurückgegeben hat. JW. 85, 355. II. CS. 30. 10. 85. — 96, 338. VI. CS. 7. 5. 96.

(Zulässigkeit der Anfechtung.) Die Anfechtungsklage ist nicht dadurch bedingt, daß Beklagter sich noch im Besitze dessen befindet, was aus dem Vermögen des Schuldners herausgegangen ist. JW. 83, 79. GrB. XXVII, 1140. A. 7, 169. V. CS. 20. 12. 82.

Die Grundlage des Anfechtungsrechts ist nicht in einem gegen den Anfechtenden gerichteten Betruge, vielmehr in der Verletzung des jedem Gläubiger zustehenden Befriedigungsrechts zu erblicken;

es muß hiernach bei der Beurteilung des Anfechtungsanspruchs ebenso unwesentlich erscheinen, wann die Forderungen des Anfechtungsklägers entstanden sind, wie die Frage, ob zur Zeit der Vornahme des angefochtenen Aktes die Entstehung jener Forderungen vom Beklagten vorausgesehen ist oder auch nur vorausgesehen werden konnte. JW. 90, 192. VI. CS. 1. 5. 90.

Die Anfechtung einer Rechtshandlung, welche vor Entstehung der Forderung des Klägers vorgenommen wurde, ist dann statthaft, wenn besondere Umstände dargethan werden, daß die rechtswidrige Absicht des Schuldners auch gegen den neuen Gläubiger gerichtet war, E. 13, 166. II. CS. 5. 5. 85, oder nachgewiesen ist, daß durch die Handlung die Gläubiger, auch die zukünftigen benachteiligt werden sollten. BPr. VI, 268.

Eine Rechtshandluug des Schuldners kann angefochten werden, welche schon vor der Entstehung der Forderung des Gläubigers vorgenommen ist. JW. 86, 116 und E. 15, 62. III. CS. 26. 1. 86, vgl. auch BPr. IV, 380. VI. CS. 16. 6. 87.

Dagegen früher:

Die Anfechtungsklage ist zulässig nur, wenn die Forderung des anfechtenden Gläubigers vor der benachteiligenden Handlung entstanden ist. JW. 86, 230. VI. CS. 20. 5. 86.

(Anfechtung durch einstweilige Verfügung.) Die Anfechtbarkeit einer dem Gesetze vom 21. 7. 79 unterliegenden Rechtshandlung ist an und für sich schon durch den Abschluß gegeben; die mangelnde Vollstreckbarkeit der durch die Anfechtung zu realisierenden Forderung behindert zwar vorläufig die Anfechtungsklage, steht aber dem Erlaß einer einstweiligen Verfügung nicht entgegen. BPr. II, 598 u. JW. 86, 117. V. CS. 27. 2. 86.

(Anfechtung durch Replik.) Es ist kein Grund vorhanden, weshalb es nicht zulässig sein sollte, eine Anfechtung im Wege der Replik geltend zu machen. BPr. V, 534 u. E. 19, 202. VI. CS. 2. 11. 87.

Sobald die Anfechtung durch Replik erfolgt, kommt es darauf an, wann diese in der mündlichen Verhandlung vorgebracht ist, JW. 89, 307. IV. CS. 6. 6. 89, um feststellen zu können, ob die Anfechtungsfrist gewahrt ist.

(Wertsberechnung.) Der Wert der Anfechtungsklage ist nur zu bemessen nach dem Wert der Forderung des anfechtenden Gläubigers. E. 7, 393. II. CS. 10. 10. 82.

§ 2.

Zur Anfechtung ist jeder Gläubiger, welcher einen vollstreckbaren Schuldtitel erlangt hat und dessen Forderung fällig ist, befugt, sofern die Zwangsvollstreckung in das Vermögen des Schuldners zu einer vollständigen Befriedigung des Gläubigers nicht geführt hat oder anzunehmen ist, daß sie zu einer solchen nicht führen würde.

(Abtretung der Forderung.) Die Abtretung der Forderung, wegen deren das Anfechtungsrecht ausgeübt wird, hat, wenn sie während des Anfechtungsprozesses erfolgt, als Cession des in diesem geltend gemachten Anspruchs keinen Einfluß auf den Prozeß. Dem den Anfechtungsprozeß fortsetzenden Cedenten kann der Einwand der mangelnden Sachlegitimation nicht entgegengesetzt werden. E. 39, 16.

Der Anfechtungsanspruch ist von der Forderung, wegen deren er dem Gläubiger zusteht, nicht trennbar. Wird die Forderung abgetreten, so geht auch der Anfechtungsanspruch mit auf den Cessionar über, es bedarf keines neuen vollstreckbaren Titels, keiner neuen Vollstreckungsklausel, und die vom Abtretenden rechtzeitig bewirkte Ankündigung der Anfechtung nach § 4 wirkt für den Cessionar mit. JW. 97, 240. VI. CS. 18. 3. 97.

(Schuldtitel.) Das Vorhandensein eines vollstreckbaren Titels bildet nicht einen Bestandteil des Klagegrundes, sondern mit dem Erfordernis der Fälligkeit allein die Voraussetzung für die Geltendmachung des Anfechtungsanspruchs. JW. 98, 390. E. 41, 90. VerS. 27. 4. 98. JW. 98, 575. II. CS. 27. 9. 98. — 97, 56. III. CS. 11. 12. 96.

Bei der Anfechtungsklage darf auch ein erst nach der Klageerhebung erlangter vollstreckbarer Titel berücksichtigt werden, JW. 98, 390 u. E. 41, 87. VerS. 27. 4. 98, desgleichen auch eine Feststellung im Konkursverfahren, obwohl dieselbe erst nach Beendigung des Konkursverfahrens einen vollstreckbaren Titel bildet. JW. 95, 329. III. CS. 24. 5. 95.

Dem Anfechtungskläger muß ein bestimmt bezeichneter vollstreckbarer Schuldtitel zur Seite stehen, die bloße Feststellung, daß eine vollstreckbare Forderung vorliege, genügt zur Anwendung des § 2 nicht. BPr. IV, 362. III[a]. CS. 24. 3. 87.

Sobald der für die Forderung zuerst erlangte vollstreckbare

Schuldtitel durch Verjährung die Brauchbarkeit zur Begründung der Anf.Klage verloren hat, kann für dieselbe Forderung durch Erlangung eines neuen Schuldtitels das Recht zu derselben Anfechtung nicht von neuem erworben werden. BPr. IV, 374. III[a]. CS. 8. 1. 87.

Die widerspruchslose Feststellung und Eintragung in die Konkurstabelle ist als vollstreckbarer Schuldtitel anzusehen und kann als solcher benutzt werden. E. 16, 32 u. BPr. III, 369. II. CS. 6. 4. 86.

(Schuldtitel [Hypothekengläubiger].) Realgläubiger sind bei einer Zwangsvollstreckung in das unbewegliche Vermögen zur Anfechtung nur dann berechtigt, wenn sie einen dem Schuldner gegenüber wirksamen vollstreckbaren Schuldtitel erlangt haben; die Ansicht, daß der Hypothekengläubiger durch das Zwangsversteigerungsverfahren für seine eingetragene Forderung einen vollstreckbaren Schuldtitel, soweit solcher zur Anfechtung erforderlich, erwerbe, ist irrig. E. 17, 167. VI. CS. 29. 11. 86, ebenso JW. 87, 15 u. BPr. III, 381.

(Schuldtitel muß auf eine Geldsumme gerichtet sein.) Der vollstreckbare Schuldtitel muß auf Zahlung einer Geldsumme lauten, es genügt nicht ein solcher, der auf Herausgabe individueller Sachen gerichtet ist. BPr. IV, 373. JW. 87, 289 u. E. 18, 145. VI. CS. 12. 5. 87.

Anfechtung ist unzulässig, wenn der vollstreckbare Titel nur auf Sicherheitsbestellung, nicht auf eine Geldleistung gerichtet ist. BPr. V, 332. JW. 87, 495 u. E. 19, 204. VI. CS. 3. 11. 87.

(Schuldtitel [Arrestbefehl].) Ein Arrestbefehl ist als vollstreckbarer Schuldtitel nicht anzusehen und eignet sich nicht dazu, die Grundlage einer Anfechtungsklage zu bilden. BPr. V, 339. JW. 88, 18. V. CS. S. 26. 11. 87.

(Einwendungen gegen den Schuldtitel.) Nur solche Einreden sind zulässig, welche aus dem eigenen Rechte des Anf.Beklagten zu entnehmen sind, ausgeschlossen sind deshalb alle solche, welche allein dem Verfügungsrechte des Schuldners entstammen. E. 7, 188. I. Hilfs-S. 22. 2. 82.

Dem Anf.Beklagten stehen Einreden gegen den vollstreckbar gewordenen Anspruch des Anf.Klägers, von dem Einwande der Kollusion abgesehen, nicht zu. JW. 92, 301. VI. CS. 21. 4. 92. — 95, 267. III. CS. 5. 4. 95. BPr. XIII, 199.

(Fälligkeit.) Leistungen, für die eine Zeit nicht bestimmt ist, sind sofort, Darlehne, für deren Rückerstattung eine Zeit nicht bestimmt ist, nach Kündigung fällig (BGB. §§ 271, 609).

Die vollstreckbare Forderung muß fällig sein, und zwar nicht etwa bloß zur Zeit der Vollstreckung des der Anfechtung stattgebenden Urteils, sondern zur Zeit der Anstellung der Anf.Klage oder doch mindestens im Zeitpunkt des Erlasses des Urteils in diesem Prozesse. JW. 97, 10. II. CS. 24. 11. 96.

Im Anf.Prozeß ist auch eine nach der Klageerhebung eingetretene Fälligkeit der Forderung des Anf.Klägers zu berücksichtigen. JW. 98, 480. II. CS. 24. 6. 98. — 98, 575. II. CS. 27. 9. 98. BPr. VII, 283.

Bei einem auf periodisch wiederkehrende Leistung sich richtenden vollstreckbaren Titel ist in Hinsicht auf die Anfechtung darauf zu achten, ob die Forderung, deretwegen die Anfechtung erfolgte, auch fällig ist; nur zur Befriedigung regelmäßig wiederkehrender bereits zur Zeit der Anf.Klage fälliger Beträge kann das Anf.-Recht verfolgt werden, JW. 97, 10. II. CS. 24. 11. 96; wegen der später fällig werdenden Leistungen muß nach dem Eintritt der Fälligkeit neue Klage erhoben werden. BPr. XXIII, 244.

(„Sofern.") Der Ausdruck „sofern" ist nicht gleichbedeutend mit „insoweit". Auch wenn eine teilweise Befriedigung noch möglich ist, liegt Anfechtbarkeit aus § 2 vor, A. 6, 231. V. CS. 8. 7. 82, denn es ist nur der Nachweis der wirklichen oder voraussichtlichen Unfähigkeit zur vollständigen Befriedigung des Gläubigers erforderlich, E. 23, 48. III. CS. 30. 10. 88, der Einwand, daß der Anf.Kläger noch einen Teil seiner Forderung von dem Schuldner durch Exekution werde einziehen können, steht der Anf.Klage in Höhe dieses Teils nicht entgegen. BPr. VI, 281.

(Vermögen.) Nicht jeder ernstliche Versuch einer Zwangsvollstreckung in einzelne Vermögensstücke genügt, vielmehr muß derselbe ein gegen die Gesamtobjekte des Vermögens des Schuldners gerichteter gewesen sein, JW. 84, 302. GrB. XXIX, 126 u. E. 12, 400. II. CS. 17. 10. 84 u. BPr. II, 596 u. JW. 86, 74. V. CS. 7. 1. 86, d. h. die Zwangsvollstreckung in das Vermögen des Schuldners muß eine erschöpfende gewesen sein, die zugänglichen und pfändbaren Mittel desselben ergriffen haben. E. 23, 44. III. CS. 30. 10. 88.

Zur Anwendbarkeit des Gesetzes genügt, daß der Anf.Kläger durch die bereiten, also nicht etwa später zu erwartenden Mittel des Schuldners nicht zu seiner Befriedigung gelangen konnte. JW. 92, 239. IV. CS. 4. 4. 92.

Bestrittene Forderungen des Schuldners sind nicht als bereite Exekutionsmittel im Sinne des § 2 anzusehen; Anf.Kläger ist nicht verpflichtet, mit der Anf.Klage zu warten, bis etwa der Streit über die Forderungen rechtskräftig entschieden ist, JW. 96, 670. VI. CS. 22. 10. 96. E. 23, 95. III. CS. 30. 10. 88, und es ist deshalb auch der Anf.Beklagte nicht befugt, den Kläger auf eine dem Schuldner angeblich gegen ihn zustehende Forderung als ein im Vermögen des Schuldners befindliches Exekutionsobjekt zu verweisen. E. 36, 30. VI. CS. 4. 11. 95.

Der Gläubiger verliert sein Anfechtungsrecht nicht deshalb, weil er früher abgelehnt hat, sich aus dem Gegenstande befriedigen zu lassen, dessen Rückgewähr er fordert, und weil er befürchten mußte, daß seine frühere Befriedigung angefochten werden könnte. BPr. XII, 218.

Die Anfechtungsklage kann nicht durch den Einwand beseitigt werden, daß der Gläubiger Befriedigung wegen seiner Forderung erlangt haben würde, wenn er von den ihm zur Sicherheit seiner Forderung zustehenden Rechten Gebrauch gemacht und nicht vielmehr freiwillig auf diese Rechte verzichtet hätte. BPr. I, 554 u. E. 12, 204. III. CS. 25. 11. 84, vgl. auch BPr. II, 579, III. CS. 29. 1. 86.

Ist dem Anf.Kläger eine Hypothek des Schuldners verpfändet, so muß er sich zunächst hieraus bezahlt machen. BPr. II, 597. V. CS. 7. 1. 86.

(Erfolglosigkeit der Zwangsvollstreckung.) Erfolglosigkeit der Zwangsvollstreckung ist dann anzunehmen, wenn sich zwar in dem Vermögen des Schuldners noch Gegenstände (Forderungen) befinden, welche an sich zur Befriedigung des anfechtenden Gläubigers ausreichen würden, wenn diese Gegenstände aber nicht erreichbar sind. JW. 87, 4. VI. CS. 25. 11. 86.

Der Umstand, daß der Schuldner den Kaufpreis für das veräußerte Recht noch zu fordern hat, schließt die Thatsache, daß der Gläubiger wegen seiner vollstreckbaren Forderung durch Zwangsvollstreckung nicht befriedigt ist, und die Annahme, daß der Schuldner die Veräußerung in der seinem Mitkontrahenten bekannten Absicht vorgenommen habe, seine Gläubiger zu benachteiligen, nnd deshalb die Anfechtbarkeit nicht aus. BPr. I, 539. V. CS. 20. 12. 84.

Wohnungsrecht und Leibgedinge bilden kein geeignetes Befriedigungsobjekt und stehen deshalb der Anfechtungsklage nicht entgegen. BPr. III, 388. III[a]. CS. 11. 10. 86.

Die allgemeine Zahlungsunfähigkeit ist nicht gleichbedeutend mit dem in §§ 2 und 4 gemeinten Unvermögen des Schuldners zur Befriedigung des Anfecht.Gläubigers. Hat eine Zwangsvollstreckung nicht stattgefunden, so hat der Anf.Kläger zu beweisen, daß er durch eine Zwangsvollstreckung Befriedigung nicht gefunden haben würde; zu diesem Beweise genügt aber nicht, daß dem Schuldner die baren Mittel zur Bezahlung seiner Schulden fehlten. JW. 96, 150. VI. CS. 20. 1. 96.

Die Zahlungsunfähigkeit des Schuldners muß nachweisbar mindestens zur Zeit des Erlasses des Urteils im Anf.Prozesse vorhanden sein. BPr. VII. 303.

Zum Erweise der Vermögensunzulänglichkeit ist nicht auch noch die Ableistung des Offenbarungseides seitens des Schuldners zu verlangen. E. 10, 236. IV. CS. 17. 11. 83.

Die Feststellung, daß eine Zwangsvollstreckung zur vollständigen Befriedigung des Gläubigers nicht führen werde, ist dem richterlichen Ermessen anheimgegeben. BPr. IV, 367. II. CS. 25. 1. 87.

Die Glaubhaftmachung der Zahlungsunfähigkeit des Schuldners, welcher veräußert hat, genügt zur Anfechtung nicht. BPr. V, 344. VI. CS. 6. 2. 88.

Bei Anfechtung einer Rechtshandlung durch mehrere Gläubiger gewährt weder die frühere Erhebung der Klage noch die frühere Verurteilung des Anf.Beklagten als Empfängers dem einzelnen Gläubiger ein Vorrecht. Giebt aber die Anfechtung selbst kein Vorrecht, so kann auch deren Kundmachung durch Eintragung im Grundbuche kein prioritätisches Recht gegenüber später eingetragenen Anfechtungsvermerken begründen. BPr. XIII, 213. JW. 92, 206. V. CS. 16. 3. 92. E. 29, 184. V. CS. 3. 2. 92.

§ 3.

Anfechtbar sind:

1. Rechtshandlungen, welche der Schuldner in der dem anderen Theile bekannten Absicht, seine Gläubiger zu benachtheiligen, vorgenommen hat;
2. die in dem letzten Jahre vor der Anfechtung geschlossenen entgeltlichen Verträge des Schuldners
   mit seinem Ehegatten, vor oder während der Ehe, mit seinen oder seines Ehegatten Ver-

wandten in auf- und absteigender Linie, mit seinen oder seines Ehegatten voll- und halbbürtigen Geschwistern, oder mit dem Ehegatten einer dieser Personen,

sofern durch den Abschluß des Vertrages die Gläubiger des Schuldners benachtheiligt werden und der andere Theil nicht beweist, daß ihm zur Zeit des Vertragsabschlusses eine Absicht des Schuldners, die Gläubiger zu benachtheiligen, nicht bekannt war;

3. die in dem letzten Jahre vor der Anfechtung von dem Schuldner vorgenommenen unentgeltlichen Verfügungen, sofern nicht dieselben gebräuchliche Gelegenheitsgeschenke zum Gegenstande hatten;
4. die in den letzten zwei Jahren vor der Anfechtung von dem Schuldner vorgenommenen unentgeltlichen Verfügungen zu Gunsten seines Ehegatten.

(Passivlegitimation.) Die Anf.Klage aus § 3 ist prinzipiell nur gegen den Mitkontrahenten des Schuldners, nicht auch gegen diesen zu richten; der Schuldner ist ebensowenig passiv legitimiert, wie der Gemeinschuldner im Konkurse. E. 35, 95. II. CS. 12. 7. 95. Vgl. auch bei § 1: JW. 95, 385.

Zulässig ist die Anf.Klage gegen denjenigen, welchem ein Dritter auf Verlangen des Schuldners ein dem letzteren aus einem Tauschvertrage geschuldetes Grundstück aufgelassen hat, und der Klageantrag darf dahingestellt werden, den Anf.Beklagten zur Duldung der Zwangsvollstreckung in das Grundstück zu verurteilen. E. 43, 83. II. CS. 3. 2. 99.

(Rechtshandlung.) Unter die anfechtbaren Rechtshandlungen können auch Scheingeschäfte gehören. GrB. XXVII, 1084. V. CS. 15. 3. 82, vgl. dagegen oben bei § 1 d. Ges. und unten bei § 29 KO. Anwendbarkeit der Anf.Klage.

Ein unter Konnivenz des Schuldners vom Gläubiger erwirkter Arrestbefehl ist eine Rechtshandlung im Sinne des § 3. BPr. II, 576 u. JW. 86, 14. II. CS. 19. 11. 85 u. BPr. IV, 369. III[a]. CS. 24. 1. 87.

Was von Rechtshandlungen des Schuldners gilt, gilt auch von denen seines gesetzlichen Vertreters und zwar ebenso in dem Sinne, daß, wenn dem gesetzlichen Vertreter die fraudulose Absicht fehlte, die von diesem vorgenommene Handlung unanfechtbar bleibt. JW. 97, 466. III. CS. 2. 7. 97.

Die auf Grund einer Bewilligung und Antrag des Schuldners vorgenommene Eintragung (z. B. des Heiratsgutes) ist die Handlung, welche angefochten werden kann, denn gerade die Eintragung ist diejenige Veränderung zum Nachteil der anderen Gläubiger, auf die der Wille des Schuldners sich richtete. JW. 94, 316. VI. CS. 26. 4. 94. Von dem Tage der Eintragung an wird das Jahr des § 3 Nr. 2 gerechnet. JW. 97, 86. VI. CS. 21. 12. 96.

(Gläubiger [Erben]). Erben des Verkäufers können die Veräußerung aus dem Grunde, daß sie benachteiligt seien, nur, wenn sie im Pflichtteil verletzt sind, zur Ergänzung des Pflichtteils anfechten. BPr. V, 340. II. CS. 16. 12. 87.

(Entgeltlichkeit.) Als entgeltliche Verträge sind anfechtbar alle Verträge, welche nicht als unentgeltliche Verfügungen des Schuldners anzusehen sind; deshalb sind Pfand- und Hypothekenbestellungen, ebenso wie Vereinbarungen über Hingabe an Zahlungsstatt als entgeltliche Verträge anfechtbar. JW. 92, 274. II. CS. 3. 5. 92.

Unter entgeltlichen Verträgen sind sämtliche unstatthaften Handlungen eines Schuldners zu begreifen, so daß eine so geartete Handlung, wenn sie nicht als unentgeltliche Verfügung erscheint, doch nach § 3 Nr. 1, bezw. Nr. 2, bezw. Nr. 4 anfechtbar bleibt. E. 9, 100. II. CS. 8. 6. 83 u. JW. 88, 384. II. CS. S. 13. 7. 88.

Freiwillige Hypothekenbestellung oder sonstige Sicherstellung für eine bestehende eigene Schuld ist keine unentgeltliche Verfügung. JW. 83, 113. II. CS. 9. 2. 83. E. 9, 100. II. CS. 8. 6. 83 u. E. 6. 85. III. CS. 24. 2. 82.

Eine vom Schuldner ohne Gegenleistung bewilligte vollstreckbare Urkunde ist als unentgeltliche Verfügung nicht zu betrachten. E. 9, 100. II. CS. 8. 6. 83.

Eine Quittung als solche ist nicht anfechtbar; enthält aber die Ausstellung und Annahme einer solchen einen Kompensationsvertrag, so ist dieser als entgeltlicher Vertrag anfechtbar. BPr. III, 373. III^{a}. CS. 2. 6. 86.

(Böse Absicht.) Zur Anfechtung ist vor allem die auf die Benachteiligung der Gläubiger gerichtete wirkliche Absicht des Schuldners erforderlich, das bloße Verschulden desselben reicht nicht aus (vgl. BPr. IV, 360. III. CS. 23. 3. 87). Das Bewußtsein, daß die Gläubiger benachteiligt werden können, genügt an sich ebenfalls nicht, E. 11, 173. JW. 93, 160. VI. CS. 2. 2. 93.

BPr. VII, 298, sondern nur dann, wenn es die Benachteiligungsabsicht in sich schließt. Letzteres wird immer anzunehmen sein, wenn Schuldner sich bewußt war, daß seine Handlung notwendig die Benachteiligung herbeiführen müsse, oder daß sie diese Folge aller Wahrscheinlichkeit nach haben werde. BPr. IV, 361. III. CS. 5. 4. 87 u. JW. 88, 70. VI. CS. 22. 12. 87. JW. 94, 547. IV. CS. 1. 10. 94.

Es genügt, wenn die betrügerische Absicht auf Benachteiligung eines einzigen Gläubigers gerichtet war. A. 3, 415. III. CS. 1. 3. 81 u. E. 10, 9. I. CS. 20. 6. 83 u. JW. 86, 14. II. CS. 19. 11. 85.

Die betrügerische Absicht muß zur Zeit der Veräußerung vorhanden sein. A. 3, 417 u. E. 4, 32. III. CS. 1. 3. 81. Ändert der Schuldner die anfänglich gute Absicht und verwendet die zur Befriedigung der Gläubiger erhaltenen Mittel anderweit, so kann das dem Anf.Beklagten nicht schaden. BPr. VIII, 259. Es kommt nicht darauf an, ob die Forderung des Anfechtenden vor oder nach der angefochtenen Rechtshandlung entstanden ist, wenn nur der Anf.Kläger wegen einer zur Zeit der Anfechtung fälligen Forderung einen vollstreckbaren Schuldtitel erlangt hat, und es genügt, wenn die Benachteiligungsabsicht des Schuldners nicht gegen bestimmte Gläubiger, namentlich nicht gerade gegen den späteren Anf.Kläger, sondern nur gegen die Gläubiger überhaupt gerichtet war. BPr. X, 269 u. E. 26, 13. VI. CS. 1. 5. 90.

Die Hoffnung des Schuldners und des Anf.Beklagten, daß durch das angefochtene Rechtsgeschäft dem Schuldner noch aufgeholfen werden könnte, steht der Anfechtung nicht entgegen, sobald nur die betrügerische Absicht beider Kontrahenten erwiesen ist. BPr. VII, 284.

Daß in dem Bewußtsein des Schuldners von der notwendigen Benachteiligung der Gläubiger durch das angefochtene Rechtsgeschäft unter Umständen die Benachteiligungsabsicht gefunden werden kann, läßt sich nicht bezweifeln. JW. 90, 31. VI. CS. 5. 12. 89. BPr. IX, 161.

Benachteiligungsabsicht ist dann nicht anzunehmen, wenn die Kontrahenten nach dem gewöhnlichen Lauf der Dinge annehmen mußten, daß die Schädigung nicht eintreten werde. JW. 89, 110. II. CS. 29. 1. 89. BPr. VII, 289.

Die Absicht des Schuldners, einen Gläubiger vor anderen Gläubigern bevorzugen zu wollen, genügt zur Anfechtung nicht,

BPr. II, 501. V. CS. 24. 10. 85, wenn nicht gleichzeitig der Schuldner weiß, daß die Bevorzugung ohne Benachteiligung der übrigen Gläubiger nicht ausführbar ist. BPr. II, 592. II. CS. 19. 11. 85.

Die rechtswidrige Benachteiligungsabsicht muß nicht schon in dem bloßen Bewußtsein des Schuldners gefunden werden, daß seinen Gläubigern durch die Rechtshandlung ihre Befriedigung entzogen werde, JW. 97, 308. VI. CS. 26. 4. 97. E. 23, 10., es müssen vielmehr Umstände vorliegen, welche ergeben, daß die Handlung gerade aus der Absicht, die Gläubiger zu benachteiligen, hervorgegangen ist, und in Wirklichkeit also nicht in der Absicht, einer Verbindlichkeit zu genügen, ihren Grund hatte. JW. 91, 511. — 91, 417. — 92, 336. V. CS. 18. 6. 92. — 92, 429. III. CS. 20. 9. 92. GrB. XXXVI, 1136 u. 1138. — JW. 93, 15. VI. CS. 15. 6. 93. — 93, 352. VI. CS. 18. 5. 93. — 94, 280. VI. CS. 29. 3. 94. Dies gilt nicht nur für Erfüllungs-, sondern auch für Deckungsgeschäfte jeder Art, insbesondere auch für Sicherung durch Hypothek oder sonstige Pfandbestellung. Den Beweis solcher Umstände hat der Kläger zu führen. E. 23, 11. II. CS. 1. 2. 89. JW. 93, 385. VI. CS. 15. 6. 93. — 96, 132. VI. CS. 9. 1. 96. — 96, 671. VI. CS. 22. 10. 96. — 98, 52. III. CS. 23. 11. 97. — 01, 81. VII. CS. 8. 1. 01.

Die auf die Anfechtung der sog. Deckungsgeschäfte bezüglichen Grundsätze können nur dann Anwendung finden, wenn das angefochtene Rechtsgeschäft lediglich die Befriedigung oder Sicherstellung eines Gläubigers wegen einer fälligen Forderung bewirken sollte, nicht auch dann, wenn der Schuldner geradezu in der Absicht handelte, dadurch seine Gläubiger zu benachteiligen. JW. 97, 111. V. CS. 10. 1. 97. — 97, 150. III. CS. 29. 1. 97. — 98, 664. II. CS. 8. 11. 98.

Unter fälligen Forderungen des Anf.Beklagten sind nur „einklagbare" zu verstehen, und nur solchen kommen die Präsumptionen für Erfüllungs- und Deckungsgeschäfte zu gute. JW. 97, 326. II. CS. 14. 5. 97.

Zur Widerlegung der fraudulosen Absicht des Schuldners genügt es in der Regel, daß die angefochtene Rechtshandlung als Erfüllung einer Verbindlichkeit sich darstellt. Dabei ist aber notwendige Voraussetzung die Rechtswirksamkeit der Verbindlichkeit und die Erzwingbarkeit ihrer Erfüllung (welche z. B.

bei Abschluß eines nur mündlich geschlossenen Grundstückskaufes nicht vorliegt). JW. 95, 44. VI. CS. 10. 12. 94.

Erfüllungsgeschäfte sind grundsätzlich anfechtbar, wenn auch die Absicht der Benachteiligung der übrigen Gläubiger nicht schon in dem bloßen Bewußtsein, daß die Befriedigung derselben durch die Handlung vereitelt oder erschwert werde, gefunden werden kann. JW. 93, 97. VI. CS. 5. 1. 93.

Erfüllungsgeschäfte sind diejenigen, durch welche der Schuldner gerade das dem Gläubiger leistet, was den Inhalt seiner Verpflichtung bildet; im weiteren Sinne allenfalls auch noch eine Befriedigung des Gläubigers in anderer Weise, insbesondere durch Hingabe an Zahlungsstatt. Deckungsgeschäfte haben die Sicherstellung für eine Leistung, die selbst noch nicht erfüllt wird, zum Gegenstand; ist eine bestimmte Sicherheit versprochen, so liegt in der Gewährung dieser Sicherheit ein Erfüllungsgeschäft. E. 45, 24. II. CS. 7. 11. 99. Bei Erfüllungsgeschäften kommt die Vermutung der bösen Absicht in Wegfall und der Anf.Kläger muß besondere Umstände nachweisen, aus welchen sich die böse Absicht ergiebt. E. 45, 27.

Die Anfechtbarkeit der betrügerischen Absicht wird dadurch nicht aufgehoben, daß der Veräußerer daneben und zugleich noch andere Absichten verfolgte. A. 3, 417. III. CS. 1. 3. 81 u. E. 10, 10. I. CS. 20. 6. 83. — JW. 85, 245. — 88, 70. — 88, 167. E. 9, 102. — 11, 177. — 13, 300. BPr. IV, 375. — V, 347. — VII, 300.

(Bevollmächtigter.) War dem den Anf.Beklagten bei dem Geschäfte vertretenden Bevollmächtigten die Absicht des Veräußerers, seine Gläubiger zu benachteiligen, bekannt, so muß Beklagter diese Wissenschaft gegen sich gelten lassen. BPr. II, 586. V. CS. 17. 2. 86.

Ist sämtlichen Aktionären einer [zu gründenden] Gesellschaft die böse Absicht des veräußernden Schuldners bekannt gewesen, so ist die Anfechtung begründet, auch wenn dem Direktor jener Gesellschaft die Absicht nicht bekannt war. BPr. II, 587. III. CS. 10. 7. 85.

(Nachteil.) Eine Benachteiligung liegt auch vor, wenn die Forderung eines Gläubigers durch einen Gegenstand gedeckt wird, der den anderen Gläubigern durch diese Deckung entzogen wird. A. 6, 231. V. CS. 8. 7. 82.

Benachteiligung ist in jeder Rechtshandlung zu finden, durch welche eine Gestaltung der Vermögenslage des Schuldners geschaffen ist, welche die Exekutionsbefugnis des Gläubigers beeinträchtigt, E. 10, 9. I. CS. 20. 6. 83 u. vgl. auch BPr. II, 573. II. CS. 19. 11. 85, d. h. seine Befriedigung vereitelt oder erschwert. BPr. XIII, 198. E. 24, 134. — 14, 313. — 15, 62. — 22, 49.

Benachteiligung liegt auch vor, wenn die vom Schuldner vorgenommene Rechtshandlung eine Verzögerung in der Befriedigung zur Folge hat, GrB. XXIV, 1066. I. HilfsS. 10. 2. 84, gleichviel ob der Schuldner und der Anfechtungsbeklagte die Möglichkeit, daß durch ihr Verhalten den übrigen Gläubigern die Befriedigung gänzlich entzogen werde, sich vergegenwärtigt haben und ob ihr Wille auch hierauf gerichtet war. JW. 94, 57. VI. CS. 4. 12. 93.

Benachteiligung auch dann, wenn für die durch die Veräußerung der Zwangsvollstreckung entzogenen Vermögensobjekte kein Ersatz geboten wird. BPr. IV, 364. III. CS. 5. 4. 87.

Der Gläubiger ist benachteiligt, wenn er ohne die Rechtshandlung seines Schuldners in höherem Maße Befriedigung erhalten haben würde, selbst wenn der von dem anderen Teile zu leistende Entgelt nicht hinter dem Werte des veräußerten Gegenstandes zurückblieb. GrB. XXVII, 158. III. CS. 4. 4. 82 u. 160. V. CS. 24. 6. 82. JW. 83, 228. I. CS. 19. 5. 83 u. BPr. II, 573. II. CS. 19. 11. 85.

Eine Benachteiligung der Gläubiger liegt nicht vor, wenn der Schuldner ein bis zum vollen Werte mit Hypotheken belastetes Grundstück verkauft, welche der Käufer in Anrechnung auf den Kaufpreis übernimmt. JW. 86, 317. VI. CS. 27. 9. 86. — 89, 208. VI. CS. 21. 3. 89. Ähnlich: JW. 92, 312. VI. CS. 16. 5. 92. — 94, 547. III. CS. 5. 10. 94; dabei ist aber der Wert des Grundstücks zur Zeit der angefochtenen Handlung und der Wert in Anschlag zu bringen, den der Veräußerer und der Käufer demselben beigelegt haben. JW. 95, 83. VI. CS. 3. 1. 95. BPr. IX, 160. — X, 264[c].

Benachteiligung liegt nicht vor, wenn der Schuldner für die Hingabe eines Vermögensgegenstandes einen in jeglicher Hinsicht gleichwertigen Entgelt erhalten hat. JW. 92, 336. III. CS. 20. 5. 92. — Daß der Entgelt in — wenn auch leicht beiseite zu schaffendem — Gelde bestand, ändert daran nichts. JW. 96, 175. III. CS. 10. 2. 96. AM. BPr. VI, 282.

Benachteiligung liegt nicht vor, wenn für ein wirklich gegebenes Darlehn bei dessen Hingabe die Bestellung einer Hypothek verabredet und die Hypothek hinterher bestellt worden ist. BPr. VIII, 252.

Benachteiligung i. S. des § 3 liegt nur dann vor, wenn der Anf.Gläubiger Aussicht gehabt hätte, mittels Pfändung vollständige Befriedigung zu erlangen; anders wenn diese Aussicht nicht bestand, und vielmehr feststeht, daß lediglich der Abschluß des angefochtenen Vertrages die Eröffnung des Konkursverfahrens verhinderte. E. 39, 92. II. CS. 15. 6. 97.

Leistet der Schuldner als Bevollmächtigter oder Geschäftsführer Zahlungen für den Anf.Beklagten, so ist die Anfechtbarkeit nicht gegeben; diese tritt erst ein, wenn der Schuldner auf die Erstattung der von ihm für Beklagten gezahlten oder noch zu zahlenden Beträge verzichtet, oder wenn er sich mit Aufrechnung des von ihm Gezahlten oder zu Zahlenden gegen eine dem Beklagten an ihn zustehende Forderung einverstanden erklärt. BPr. VII, 287.

(Benachteiligung durch Erbschaftsentsagung.) Die Ausschlagung einer nur deferierten, noch nicht erworbenen Erbschaft unterliegt der Anfechtung nicht. GrB. XXVI, 828. V. CS. 17. 12. 81. JW. 88, 330. III. CS. 26. 6. 88.

(Rechtshängigkeit.) Die Anfechtungsklage ist auch dann als rechtshängig geworden anzusehen, wenn der Beklagte sich auf eine nicht in gehöriger Weise zugestellte Klage eingelassen hat. E. 9, 66. III. CS. 20. 4. 83.

Nr. 1.

(Böse Absicht.) Zur Anfechtung genügt, daß der Schuldner die Absicht der Benachteiligung der Gläubiger, nicht auch das Bewußtsein der Rechtswidrigkeit seiner Handlung gehabt hat. E. 9, 73. III. CS. 24. 4. 83.

Zur Anfechtung aus Nr. 1 genügt außer dem Nachweis, daß der Anf.Beklagte die böse Absicht des Schuldners kannte, der Nachweis der benachteiligenden Absicht; es bedarf nicht des Beweises wie bei Nr. 2, daß die Handlung einen Nachteil hervorgerufen habe. A. 6, 118. V. CS. 24. 6. 82. JW. 94, 519. VI. CS. 1. 10. 94.

Zur Begründung der Anf.Klage aus Nr. 1 ist der Nachweis 1. der Benachteiligungsabsicht des Schuldners und 2. der Kenntnis des Anf.Beklagten von solcher Absicht erforderlich. Mißlingt der Beweis zu 1., so ist die Klage unbegründet, ohne daß auf den

Beweis zu 2. eingegangen werden müßte. JW. 98, 480. II. CS. 24. 6. 98.

Das bloße Bewußtsein des Schuldners von der Benachteiligung seiner übrigen Gläubiger bei der Erteilung einer vollstreckbaren Urkunde über eine fällige Schuld enthält nicht ohne weiteres die Benachteiligungs a b s i c h t. JW. 91, 200. VI. CS. 26. 2. 91.

(Benachteiligung durch a. Erfüllung einer Verbindlichkeit.) Rechtshandlungen, welche von dem Schuldner zur Erfüllung einer gesetzlich ihm obliegenden Verpflichtung vorgenommen sind, also auch Sicherstellung des Eingebrachten, können auf Grund der Nr. 1 angefochten werden. JW. 85, 7. VI. CS. 5. 11. 84. E. 16, 27 u. JW. 86, 230 u. BPr. III. 371. VI. CS. 31. 5. 86. JW. 86, 415. VI. CS. 12. 12. 85 u. 26. 10. 86.

Auch die Erfüllung einer Verbindlichkeit ist anfechtbar, wenn sie in der dem anderen Teile bekannten Absicht des Schuldners, die Gläubiger zu benachteiligen, geschah. BPr. III, 371. III^a. CS. 31. 5. 86, vgl. auch 372. III^a. CS 2. 6. 86. E. 20, 180. III. CS. 27. 3. 88. JW. 91, 417. III. CS. 25. 6. 91. — 92, 312. VI. CS. 16. 5. 92. — 93, 97. III. CS. 5. 1. 93.

(b. Bestellung einer Sicherheit.) Auch Bestellung einer realen Sicherheit für eine bestehende Schuld ist unter Voraussetzung der Nr. 1 anfechtbar. E 9, 102 u. JW. 83, 196. II. CS. 8. 6. 83.

Kaufvertrag oder Cession zum Zweck der Sicherstellung des Käufers oder Cessionars ist unanfechtbar, aber überall vorausgesetzt die ernstliche Absicht der Kontrahenten, Eigentum zu übertragen bezw. zu erwerben. JW. 96, 150. V. CS. 5. 2. 96.

(c. Zahlung gültiger Schuld.) Auch Zahlung fälliger und gültiger Schulden kann der Anfechtung unterliegen, sobald nur die Absicht des Schuldners, seine Gläubiger zu benachteiligen, mit der Kenntnis dieser Absicht seitens des anderen Teils zusammentrifft. BPr. I, 553 u. JW. 85, 7. V. CS. 5. 11. 84.

Es ist daran festzuhalten, daß regelmäßig die Zahlung einer fälligen Schuld der Anfechtung nicht unterliegt. BPr. V, 332^b u. JW. 88, 179. III. CS. 27. 3. 88, vgl. auch E. 5, 285. II. Hilfs-S. 20. 6. 81 u. E. 6, 45. III. CS. 14. 2. 82.

(d. Hingabe an Zahlungsstatt.) Unter der in Nr. 1 ersichtlichen Voraussetzung sind alle Rechtshandlungen anfechtbar, auch wenn der Gläubiger durch Hingabe an Zahlungsstatt nicht mehr erhalten, als er zu fordern hatte. A. 6, 120. V. CS. 24. 6. 82.

Die Anfechtbarkeit einer Hingabe an Zahlungsstatt ist nicht

ausgeschlossen. JW. 85, 28. V. CS. 6. 12. 84 u. E. 6, 44. III. CS. 14. 2. 82. GrB. XXVII, 157. III. CS. 4. 4. 82. BPr. I, 545. V. CS. 29. 11. 84. — II. CS. 1. 5. 85.

Die Hingabe an Zahlungsstatt kann unter den Voraussetzungen der Nr. 1 sehr wohl auch dann der Anfechtung unterliegen, wenn das Geschäft für den Schuldner ein vorteilhaftes war. E. 13, 298 u. JW. 85, 159. II. CS. 17. 3. 85.

(e. sonstige Fälle.) Benachteiligung der Gläubiger wird dadurch nicht ausgeschlossen, daß

α. bei der Veräußerung von Vermögensgegenständen des Schuldners durch einen entgeltlichen Vertrag der andere Kontrahent seinerseits die Bezahlung von Passiven des Schuldners in einem dem Werte jener Vermögensstücke gleichen Betrage übernommen hat, oder daß

β. der Schuldner rechtlich in der Lage gewesen wäre, dem Gläubiger das betreffende Vermögensobjekt auf einem anderen Wege in unanfechtbarer Weise zu entziehen, oder daß

γ. der anfechtende Gläubiger zur Zeit des angefochtenen Vertrages nicht zugriffsberechtigt war und durch den Vertrag die Aktivmasse des Schuldners nur in Höhe des zur Befriedigung der damals zugriffsberechtigten Gläubiger erforderlichen Betrages vermindert ist, oder

δ. durch die Nebenabsicht des Schuldners, mit Hilfe des angefochtenen Vertrages die Mittel zu gewinnen, den anfechtenden, damals nicht zugriffsberechtigten Gläubiger in Zukunft befriedigen zu können.

E. 10, 5. I. CS. 20. 6. 83.

(Beweismittel: Eid.) Eideszuschiebung an den anderen Teil — Beklagten — darüber, daß ihm die Absicht des Schuldners, seine Gläubiger zu benachteiligen, bekannt gewesen sei, ist zulässig. E. 3, 430. III. CS. 4. 2. 81 u. E. 15, 368. V. CS. 24. 10. 85.

Nr. 2.

(Frist.) Die Zeitbestimmung des § 3, Nr. 2, 3, 4 hat nicht die Bedeutung einer Verjährungsfrist, sie bildet einen Bestandteil der Klage, ist Präklusivfrist, und es ist deshalb gegen den Ablauf derselben eine Restitution unzulässig. JW. 87, 97 u. E. 17, 70. III. CS. 1. 2. 87.

Die Frist ist nicht prozessualer Natur, ihre Einhaltung gehört vielmehr zur Begründung des Anf.Anspruchs. Bei Berechnung der Frist kommt der Umstand, daß der letzte Tag ein Sonntag war, nicht in Betracht. JW. 98, 247. II. CS. 11. 3. 98.

Die in § 3, Nr. 2 und 3, vorgesehenen Fristen sind lediglich von der Rechtshängigkeit des vom Anf.Kläger erhobenen Anf.Anspruchs an zurückzurechnen. E. 40, 37. II. CS. 8. 10. 97.

Das Jahr, binnen welchem der Anf.Anspruch zulässig ist, wird, wenn der Anspruch im Wege der Einrede geltend gemacht wird, rückwärts von der mündlichen Verhandlung an gerechnet, in welcher die Einrede vorgebracht wird.

Wenn die Wirksamkeit einer Handlung — der später angefochtenen — dritten Personen gegenüber durch die Eintragung in das Hypothekenbuch bedingt ist, so ist die Handlung erst als mit der Eintragung vorgenommen anzusehen. E. 9, 66. III. CS. 20. 4. 83, vgl. auch BPr. IV, 357. IIIa. CS. 13. 1. 87.

Liegt die Pfändung grund einer vollstreckbaren Urkunde, nicht aber die Ausstellung der letzteren innerhalb eines Jahres, so ist die Anfechtung aus § 3 Nr. 2, ausgeschlossen. BPr. II, 575. V. CS. 24. 10. 85.

Rechtshängig ist der Anf.Anspruch erst dann, wenn wegen einer bestimmten Rechtshandlung die Klage angestellt oder die nach § 4 gestattete Anzeige zugestellt ist, und von hier ab wird die Frist von 1 bezw. 2 Jahren zurückgerechnet; eine etwaige Widerklage des Anf.Beklagten, daß dem Anf.Kläger ein Anf.Anspruch nicht zustehe, unterbricht die Verjährung nicht. E. 40, 37. II. CS. 8. 10. 97.

(Entgeltlichkeit.) Die entgeltlichen Verfügungen unterscheiden sich von den unentgeltlichen nicht nach dem Zweck oder Motiv, sondern durch ihren Inhalt; es kommt darauf an, ob eine Gegenleistung in der That erfolgt ist oder nicht. JW. 93, 294. V. CS. 29. 4. 93.

Rückgewähr des Heiratsguts ist kein entgeltlicher Vertrag, denn sie enthält nur eine reine, einseitige Zahlung. JW. 92, 429. III. CS. 20. 9. 92.

Hingabe an Zahlungsstatt ist als entgeltlicher Vertrag anzusehen. A. 6, 231. V. CS. 8. 7. 82.

(Verwandte [Vertreter].) Die Anfechtung kann auch dann erfolgen, wenn das betreffende Rechtsgeschäft nicht von dem Schuldner persönlich mit einem Verwandten desselben, sondern von einem gesetzlichen Vertreter des Schuldners abgeschlossen ist. E. 12, 66 u. JW. 84, 302. III. CS. 10. 10. 84.

Der von Eheleuten mit dem unehelichen Kinde der Frau abgeschlossene Vertrag ist als Vertrag unter Verwandten anfechtbar. GrB. XXIV, 1068. I. Hilfs-S. 16. 12. 79.

Die vom Gesetz festgesetzte Vermutung der Benachteiligungsabsicht ist, wenn der Schuldner eine offene Handelsgesellschaft ist, schon dann als vorhanden anzunehmen, wenn nur ein Teilhaber der Gesellschaft in dem fraglichen Verwandtschaftsverhältnis zu dem Anf.Beklagten steht. E. 43, 104. II. CS. 21. 2. 99.

(Benachteiligung.) Die Gläubiger müssen im Fall des § 3, Nr. 2, durch den Abschluß des angefochtenen Rechtsgeschäfts benachteiligt sein. GrB. XXVII, 162. V. CS. 24. 6. 82 u. E. 13, 41. II. CS. 13. 3. 85.

Trotz dem Nachweise der Benachteiligung ist die Anfechtung ausgeschlossen, wenn und soweit der Gegenstand des anzufechtenden Rechtsgeschäfts in das Vermögen des Schuldners zurückgewährt worden ist. JW. 98, 664. VI. CS. 29. 10. 98.

(Erfüllungs- und Deckungsgeschäfte.) Unter Erfüllungs- und Deckungsgeschäfte, durch welche die Vermutungen des § 3 Nr. 2 beseitigt werden, gehören alle solche Geschäfte, wodurch der Schuldner, um eine ihm obliegende, vor dem kritischen Jahre begründete Verpflichtung zu tilgen, dem Gläubiger im Einverständnisse mit diesem eine Leistung macht, durch welche nach Absicht beider Teile die bestehende Verflichtung getilgt werden soll, so vor allem die Angabe an Zahlungsstatt. JW. 97, 171. VI. CS. 4. 2. 97.

Die fraudulose Absicht und die Kenntnis davon ist für § 3 Nr. 2 keine andere als für § 3 Nr. 1; ist die Abwesenheit beider für § 3 Nr. 1 erwiesen, dann ist sie es auch für § 3 Nr. 2. JW. 96, 132. VI. CS. 9. 1. 96.

(Beweisregel.) Der Anf.Kläger hat zu beweisen, daß die angefochtene Rechtshandlung im kritischen Jahre stattgefunden hat; um, falls dieser Beweis erbracht ist, die Vermutung der betrügerischen Absicht zu beseitigen, hat dann der Anf.Beklagte zu beweisen, daß es sich um ein Sicherungs- oder Deckungsgeschäft handelt, welches bereits vor dem letzten Jahr in wirksamer und unanfechtbarer Weise zugesagt war. E. 26, 1. I. CS. 29. 1. 90.

Im Falle des § 3, Nr. 2, bedarf es für den anfechtenden Gläubiger nicht des Nachweises, daß der Schuldner die Absicht gehabt habe, seine Gläubiger zu benachteiligen, sofern nur die

Benachteiligung selbst erwiesen ist, und der andere Teil nicht den am Schlusse der Nr. 2 erwähnten Entlastungsbeweis erbringt. GrB. XXVII, 160. III. CS. 4. 4. 82 u. JW. 88, 383. II. CS. 13. 7. 88. Den Beweis der Benachteiligung hat der Kläger zu erbringen; er hat darzulegen, daß und inwieweit er durch die angefochtene Rechtshandlung benachteiligt ist. BPr. X, 262.

Beim Erfüllungsgeschäft gilt die doppelte Präsumtion einmal für die Schädigungsabsicht des abtretenden Schuldners und dann für die Kenntnis des Empfängers von dieser Absicht als widerlegt, und es hat daher der Anf. Kläger beides wie im Fall des § 3 Nr. 1 zu beweisen. JW. 98, 224. III. CS. 18. 2. 98.

Hat im Falle des § 3 Nr. 2 der Anf. Beklagte den Nachweis geführt, daß der Schuldner die angefochtene Rechtshandlung in Erfüllung eines wirksam abgeschlossenen Vertrages vorgenommen hat, so schließt doch dieser Grund zur Vornahme der Rechtshandlung nicht unter allen Umständen eine besondere frauduiose Absicht des Schuldners aus. Diese besondere Absicht hat dann aber der Anf. Kläger zu beweisen. JW. 90, 116. I. CS. 3. 2. 90. — 91, 354. VI. CS. 15. 5. 91. — 91, 511. VI. CS. 8. 10. 91. — 95, 330. VI. CS. 9. 5. 95. — 96, 75. VI. CS. 12. 12. 95.

Eideszuschiebung darüber, daß der Schuldner bei der Veräußerung die Absicht gehabt habe, seine Gläubiger zu benachteiligen, an den Erwerber als Anf. Beklagten ist zulässig. JW. 93, 427. VI. CS. 26. 3. 93. — E. 43, 393. II. CS. 10. 3. 99.

Nr. 3.

(Unentgeltlichkeit [Zahlung fremder Schuld].) Auch die Zahlung einer fremden Schuld, welche in der Absicht geleistet wird, dem Schuldner eine freigebige Zuwendung zu machen, bildet dem befriedigten Gläubiger gegenüber eine unentgeltliche Verfügung im Sinne des § 3, Nr. 3. E. 10, 86, u. JW. 84, 50. II. CS. 27. 11. 83.

(Verzicht auf Ebschaft.) Verzicht auf eine angefallene und von Rechtswegen erworbene Erbschaft ohne Empfang eines Entgelts dafür ist als unentgeltliche Verfügung anzusehen. BPr. II, 570. II. CS. 16. 10. 85.

(Verzicht auf Nießbrauch.) Ist der Ehemann mit Hilfe der Revenüen des Eingebrachten im stande, seiner Frau den erforderlichen Unterhalt zu gewähren, so enthält sein Verzicht auf den Nießbrauch eine freigebige Verfügung, welche der Anfechtung der Gläubiger unterliegt. E. 1, 140 u. GrB. XXIV, 1024. I. Hilfs=S. 2. 1. 80.

Unter die unentgeltlichen Verfügungen gehören nicht bloß Schenkungen, sondern auch Vermögensteilungen der Eltern unter Kindern. JW. 92, 302. VI. CS. 21. 4. 92.

Nr. 4.

(Benachteiligungsabsicht.) Es bedarf nicht der Feststellung der Absicht der Kontrahenten, die Gläubiger zu benachteiligen, wenn eine unentgeltliche Verfügung zu Gunsten eines Ehegatten oder eine Sicherstellung oder Rückgewähr des Heiratsgutes den Gegenstand der Anfechtung bildet. E. 14, 311. II. CS. 30. 10. 85.

(Sicherstellung.) Ein von dem Ehemanne zur Sicherstellung des Eingebrachten der Frau bestelltes Pfandrecht kann auf Grund des § 3, Nr. 4, angefochten werden. E. 7, 110. III. CS. 13. 6. 82. Will der Anf.Kläger die Sicherstellung anfechten, weil die Ehefrau gar nichts oder den sichergestellten Betrag nicht eingebracht habe, so handelt es sich um eine ganz oder teilweise unentgeltliche Verfügung des Ehemanns zu Gunsten der Ehefrau, und einen solchen Charakter der Verfügung hat der Anfechtende nachzuweisen. JW. 94, 519. VI. CS. 17. 9. 94. Ist der Nachweis geführt, daß die Sicherstellung nicht unentgeltlich war, dann kann sie immerhin auf Grund des § 3 Nr. 4 Satz 2 angefochten werden, und dann hat den Beweis dafür, daß der Ehemann zur Sicherstellung verpflichtet war, die Ehefrau zu erbringen. JW. wie vor — 96, 103. VI. CS. 9. 1. 96. — 96, 175. VI. CS. 25. 1. 96.

§ 3a.

Hat der Erbe aus dem Nachlasse Pflichttheilsansprüche, Vermächtnisse oder Auflagen erfüllt, so kann ein Nachlaßgläubiger der im Konkursverfahren über den Nachlaß dem Empfänger der Leistung im Range vorgehen oder gleichstehen würde, die Leistung in gleicher Weise anfechten wie eine unentgeltliche Verfügung des Erben.

§ 4.

Hat der Gläubiger, bevor er einen vollstreckbaren Schuldtitel erlangt hatte oder seine Forderung fällig war, denjenigen, welchem gegenüber eine im § 3 Nr. 2 bis 4 bezeichnete Rechtshandlung vorgenommen ist, von seiner Absicht, die Handlung anzufechten, durch Zustellung eines Schriftsatzes in Kenntniß gesetzt, so wird die Frist von dem Zeitpunkte der Zustellung zurückgerechnet, sofern schon zu dieser Zeit der Schuldner zahlungsunfähig war und bis zum Ablaufe von zwei Jahren seit diesem Zeitpunkte die Anfechtung erfolgt ist.

Die Ankündigung kann nur dann die Wirkung der Verjährungsunterbrechung haben, wenn nicht nur eine zur Zeit der Ankündigung vorhandene allgemeine „Zahlungsunfähigkeit", sondern das Befriedigungsunvermögen des Schuldners im Sinne des § 2, d. h. daß der Anf.Kläger durch eine Zwangsvollstreckung seine Befriedigung damals nicht gefunden haben würde, nachgewiesen ist. JW. 96, 150 u. E. 36, 115. VI. CS. 20. 1. 96.

Die Ankündigung muß die Forderung bezeichnen, deretwegen die Anfechtung in Aussicht gestellt wird. E. 39, 1. VI. CS. 1. 3. 97.

Soll die Anfechtung gegen eine Ehefrau gerichtet werden, so bedarf es nicht der Zustellung des nach § 4 geforderten Schriftsatzes an den im Anf.Prozesse mitverklagten Ehemann. E. 45, 56. II. CS. 8. 12. 99.

(Frist.) Das Mittel der Fristerstreckung ist nur für den Fall gegeben, daß die im § 2 vorgesehenen Erfordernisse der Vollstreckbarkeit und Fälligkeit noch nicht vorhanden sind. A. 6, 121. V. CS. 28. 6. 82.

(Restitution.) Gegen den Ablauf der Frist ist eine Wiedereinsetzung in den vorigen Stand unzulässig. E. 17, 70. III. CS. 1. 2. 87.

(Zahlungsunfähigkeit.) Zahlungsunfähigkeit erscheint gleichbedeutend mit voraussichtlicher Erfolglosigkeit der Zwangsvollstreckung im Sinne des § 2. BPr. III, 377 u. JW. 87, 4. VI. CS. 25. 11. 86 und bedeutet nicht die konkursmäßige Insolvenz, sondern nur die im § 2 gekennzeichnete Befriedigungsunfähigkeit. E. 45, 58. II. CS. 8. 12. 99.

Als zahlungsunfähig kann der Schuldner erscheinen, bei welchem kurze Zeit nach Vornahme der Veräußerung Zwangsvollstreckungen ganz oder teilweise erfolglos geblieben sind. BPr. IV, 377 u. JW. 87, 328. VI. CS. 9. 6. 87.

(Rechtshängigkeit.) Der Anfechtungsanspruch kann auch durch Einrede geltend und bezw. rechtshängig gemacht werden, um die Frist zu wahren. JW. 88, 220. V. CS. 21. 4. 88.

§ 5.

Die Erhebung des Anfechtungsanspruchs im Wege der Einrede kann erfolgen, bevor ein vollstreckbarer Schuldtitel für die Forderung erlangt ist; der Gläubiger hat denselben jedoch vor der Entscheidung binnen einer von dem Gerichte zu bestimmenden Frist beizubringen.

Anfechtung in der Replik ist unbedenklich zulässig, JW. 91, 572. VI. CS. 12. 11. 91, wenn nur der Anf.Kläger binnen der ihm gestellten Frist den vollstreckbaren Titel beibringt. E. 27, 98. II. CS. 9. 1. 91.

(Schuldtitel.) Als Schuldtitel genügt die Eintragung in die Konkurstabelle, wenn die Forderung festgestellt und nicht von dem Gemeinschuldner ausdrücklich bestritten ist. Vgl. § 2. E. 16, 32. II. CS. 6. 4. 86.

Die dem Gericht beigelegte Befugnis, eine Frist zur Beibringung des vollstreckbaren Titels zu bestimmen, darf nicht dahin führen, die Entscheidung auf unbestimmte Zeit hinauszuschieben. Gelingt es dem Gläubiger nicht, innerhalb angemessener Frist den vollstreckbaren Titel zu beschaffen, so muß ohne Berücksichtigung der Einrede nach Lage der Sache erkannt werden. JW. 94, 280. V. CS. 2. 5. 94.

§ 6.

Die Anfechtung wird dadurch nicht ausgeschlossen, daß für die anzufechtende Rechtshandlung ein vollstreckbarer Schuldtitel erlangt, oder daß dieselbe durch Zwangsvollstreckung oder durch Vollziehung eines Arrestes erwirkt worden ist.

(Gerichtlicher Zwangsverkauf.) Vorstehender § ist auch bezüglich gerichtlicher Zwangsverkäufe anwendbar. JW. 83, 5. V. CS. 18. 11. 82, ebenso GrB. XXVIII, 270 u. A. 7, 75.

(Pfändung.) Eine in aller Ordnung vorgenommene Pfändung kann keinen Grund der Anfechtung bilden, sofern nur das zugrundeliegende Schuldverhältnis zu Recht besteht. BPr. II, 578. II. CS. 23. 2. 86.

Vollstreckungspfändungen sind anfechtbar, wenn und soweit sie nach Lage des einzelnen Falles als vom Schuldner in der vom Gesetze geforderten, dem Gläubiger (Anf.Beklagten) bekannten (Benachteiligungs-)Absicht bewirkte Handlungen anzusehen sind. Das trifft dann zu, wenn die Vollstreckungshandlung in kollusivem Einverständnisse des Schuldners mit dem Gläubiger zu stande gebracht ist. E. 47, 224. VII. CS. 1. 2. 01.

(Vollstreckbarer Schuldtitel.) Das vollstreckbare Schuldbekenntnis, welches der Schuldner in der dem Beklagten bekannten Absicht gab, um die übrigen Gläubiger durch schleunige Entziehung seines Vermögens zu schädigen, unterliegt ebenso wie die aus jenem Anerkenntniß erfolgte Pfändung, auch bei Existenz der anerkannten Forderung der Pfändung. GrB. XXVII, 160. V. CS. 24. 6. 82.

(Zahlung an den Gerichtsvollzieher.) Auch die im Zwangsvollstreckungsverfahren an den Gerichtsvollzieher geleistete Zahlung steht in Beziehung auf die Anfechtbarkeit einer freiwilligen Zahlung des Schuldners gleich. BPr. II, 567. V. CS. 8. 7. 85.

(Parteirolle.) § 6 hat den Fall einer Erstreitung der angefochtenen Handlung wider den Schuldner vor Augen, der Erstreitende ist der Anfechtungsbeklagte. JW. 83, 113. II. CS. 9. 2. 83.

§ 7.

Der Gläubiger kann, soweit es zu seiner Befriedigung erforderlich ist, beanspruchen, daß dasjenige, was durch die anfechtbare Handlung aus dem Vermögen des Schuldners veräußert, weggegeben oder aufgegeben ist, als noch zu demselben gehörig von dem Empfänger zurückgewährt werde.

Der gutgläubige Empfänger einer unentgeltlichen Leistung hat dieselbe nur soweit zurückzugewähren, als er durch sie bereichert ist.

(Zwangsverkauf.) § 7 ist auch bezüglich gerichtlicher Zwangsverkäufe anwendbar. BPr. III, 376 u. JW. 83, 5. V. CS. 18. 11. 82.

(Zweck der Klage.) Die Anfechtung begründet keine objektive Rescission des angefochtenen Geschäfts, durch welche der Schuldner einen Anspruch auf Rückgewähr erlangt, sondern gewährt lediglich dem anfechtenden Gläubiger einen persönlichen Anspruch, daß ihm gegenüber das angefochtene Geschäft unwirksam sei. E. 9, 71. III. CS. 20. 4. 83 u. JW. 83, 229. I. CS. 19. 5. 83, vgl. BPr. V, 342. III. CS. 27. 3 (13. 4.) 88.

Die Vorschrift des § 7 hat nicht den Sinn, daß die durchgeführte Anfechtung die Annullierung der anfechtbaren Handlung bewirkt, sondern daß der Gläubiger, soweit es zu seiner Befriedigung erforderlich ist, sich an die veräußerten Sachen halten darf, gleichwie wenn keine Veräußerung erfolgt wäre, und daß der Empfänger dies zu dulden hat. JW. 97, 608. III. CS. 15. 10. 97.

(Was kann zurückgefordert werden?) Nur dasjenige kann zum Vermögen des Schuldners zurückgefordert werden, was zur Zeit der anfechtbaren Handlung bereits in diesem Vermögen war. Unzulässig ist sonach die Anfechtung von Rechtshandlungen des Schuldners, durch welche sein Vermögen nicht vermindert, sondern nur eine Vermehrung desselben abgelehnt worden ist. A. 5, 83. V. CS. 17. 12. 81 u. JW. 88, 330. III. CS. 26. 6. 88.

Hat der Empfänger das durch die anfechtbare Handlung Erworbene einem anfechtungsberechtigten Gläubiger als zu dem Vermögen des Schuldners gehörig zurückgewährt, so hat er die ihm obliegende Verpflichtung erfüllt. Er kann dann nicht abermals von einem anderen anfechtungsberechtigten Gläubiger auf Zurückgewährung des Empfangenen oder statt desselben auf Zahlung einer entsprechenden Summe belangt werden. JW. 89, 433. VII. CS. 10. 10. 89. E. 24, 99. VI. CS. 7. 10. 89. BPr. VIII, 251.

Nur so weit die Handlung anfechtbar ist, muß das Objekt

des Vertrages zurückgewährt werden, d. h. also nur Objekte, welche noch ein Befriedigungsmittel für die Gläubiger bieten konnten. JW. 88, 345. II. CS. 10. 7. 88.

Die Rückgewähr des Veräußerten muß unverkürzt erfolgen, ein zurückzugewährendes Grundstück darf daher nicht nach der angefochtenen Veräußerung mit weiteren Hypotheken belastet sein, vielmehr hat der zur Rückgewähr Verurteilte solche neue Hypotheken zu beseitigen. JW. 87, 273. VI. CS. 9. 5. 87; aber:

Wenn Anf.Beklagter eine neue Hypothek zu dem Zwecke, dadurch Mittel zur Bestreitung von Verwendungen in das durch die angefochtene Rechtshandlung erworbene Grundstück zu gewinnen, hat eintragen lassen, und diese Verwendungen gemacht hat, so ist er befugt, die dadurch erreichte Werterhöhung des Grundstücks dem Kläger anzurechnen. BPr. I, 557. II. CS. 5. 5. 85 u. IV, 371. VI. CS. 9. 5. 87.

Der Empfänger ist nur verpflichtet, die Sache so, wie sie sich vor der Anfechtung im Vermögen des Schuldners befand, behufs Zwangsvollstreckung zurückzugewähren, und deshalb kann er ein dingliches Recht, welches ihm an den zurückzugewährenden Sachen vor der angefochtenen Rechtshandlung zustand, gegenüber dem Anfechtungskläger mit Erfolg geltend machen. BPr. I, 556. II. CS. 28. 4. 85 u. E. 20, 157 u. JW. 88, 243. V. CS. 10. 3. 88.

Die auf Grund des Anf.Gesetzes zu leistende Rückgewähr ist kein Handelsgeschäft und rechtfertigt daher nicht das Verlangen nach einem höheren Zinsfuße. JW. 94, 316. VI. CS. 2. 4. 94.

Der Empfänger ist nur verpflichtet, die Sache so zurückzugewähren, wie er sie erhalten hat, also ohne die Nutzungen, die er inzwischen gezogen hat, denn solche Nutzungen hat der Schuldner aus seinem Vermögen nicht weggegeben oder aufgegeben. JW. 94, 316. VI. CS. 2. 4. 94. Ebensowenig ist er verpflichtet, den bei etwaiger Weiterveräußerung der Sache erzielten Gewinn neben der Sache herauszugeben. E. 27, 21. VI. CS. 27. 10. 90. BPr. X, 264[d].

Mit der Anfechtungsklage können nicht ohne weiteres Zinsen aus dem Zurückzugewährenden verlangt werden. JW. 96, 338. VI. CS. 7. 5. 96.

(Wie viel ist zurückzugewähren?) Die Rückgewähr des durch die anfechtbare Handlung Veräußerten kann nur verlangt werden, so weit es zur Befriedigung des Gläubigers erforderlich ist. E. 7,

394. II. CS. 10. 10. 82. E. 12, 215. III. CS. 25. 11. 84 u. E. 14, 313. II. CS. 30. 10. 85.

Hat der Anf.Beklagte die Sache, welche er zurückzugewähren hat, in der Zwischenzeit verbessert, so steht es ihm frei, entweder die Sache zurückzugeben oder den Gläubiger zu befriedigen, keinesfalls aber darf er nur den Wert in dem früheren nicht verbesserten Zustande zurückgewähren. JW. 96, 321. VI. CS. 22. 4. 96.

Ist die Anfechtung gegen mehrere Personen durchgeführt, die zusammen nach Quoten gekauft hatten, so hat jeder einzelne auch nur nach seiner Quote zurückzugewähren. BPr. VIII, 269.

(Zurückgewährung.) Unter Zurückgewährung ist nicht zu verstehen, daß die empfangenen Werte dem Schuldner restituiert werden sollen; vielmehr soll dem Anfechtungskläger nur die Möglichkeit gewährt werden, sich daraus so, als ob sie noch zu dem Vermögen des Schuldners gehörten, Befriedigung für seine Forderung zu verschaffen. JW. 83, 196. II. CS. 12. 6. 83. Dem Anfechtungskläger steht deshalb nicht das Recht zu, zu verlangen, daß die zurückzugewährende Sache ihm unmittelbar überlassen, z. B. eine Hypothek ihm cediert werde. JW. 98, 224. III. CS. 18. 2. 98. — 98, 262. II. CS. 25. 3. 98.

Hat der Anf.Beklagte, ohne dazu verurteilt zu sein, einer Person, welcher ein Anfechtungsrecht überhaupt nicht zustand, das Empfangene herausgegeben, so wird er dadurch von seiner Rückgewährpflicht gegenüber dem wirklich Anfechtungsberechtigten nicht befreit. JW. 89, 434 u. E. 24, 99. VI. CS. 7. 10. 89.

In welcher Weise Anf.Beklagter die Rückgewähr des vom Schuldner Veräußerten bei Anfechtungsklagen außerhalb des Konkursverfahrens zu bewirken habe, bestimmt sich nach Landesrecht. BPr. I, 558. II. CS. 5. 5. 85.

(Art der Zurückgewährung.) Wenn der Gegenstand der dem Anfechtungsbeklagten obliegenden Rückgewähr in barem Gelde besteht, kann dem Anfechtungsbeklagten aufgegeben werden, das Geld zum Zwecke der Befriedigung des Anfechtungsklägers und somit für den Schuldner an den Kläger zu bezahlen. E. 9, 73. III. CS. 20. 4. 83 u. E. 14, 81. V. CS. 8. 7. 85.

Besteht das Veräußern oder Weggeben seitens des Schuldners in der Belastung eines sonst für den Zugriff der Gläubiger freistehenden Objekts, so erfolgt die Rückgewähr in der Gestalt, daß der Anf.Beklagte von seinem begründeten Pfandrecht dem Kläger gegenüber keinen Gebrauch macht, und im Verhältnis unter den

Parteien — nicht auch Dritten, nachstehenden Hypothekengläubigern — der Zustand wiederhergestellt wird, wie wenn die bestehende angefochtene Hypothek nicht bestände. JW. 01, 162. VII. CS. 29. 1. 01.

Ist das mit der angefochtenen Hypothek belastete Grundstück versteigert und der Beklagte wegen seiner Hypothek aus dem Erlös befriedigt, so hat er die klägerische Forderung zu zahlen. JW. 98, 247. II. CS. 8. 3. 98.

Hat der Anf.Beklagte auf Grund eines in doloser Weise erlangten Schuldtitels Waren pfänden und versteigern lassen und die Waren selbst erstanden, so kann er gegebenen Falles, d. h. wenn klar ist, daß Beklagter von vornherein auf diese Weise die Waren, das Lager hat an sich bringen wollen, recht wohl verurteilt werden, nicht den Erlös, sondern die Waren zu anderweiter Versteigerung zu Gunsten des Anf.Klägers herauszugeben. JW. 98, 359. II. CS. 15. 4. 98.

Die Art der Zurückgewährung kann auch dadurch erfolgen, daß in einem infolge vorangegangener Pfändung der veräußerten Sache angestrengten Interventionsprozesse der Intervenient die eigentlich gegenstandslos gewesene Pfändung und Überweisung nachträglich gegen sich gelten läßt. E. 19, 203. VI. CS. 2. 11. 87.

Der fraudulöse Erwerber einer Forderung hat die Rückgewähr so zu leisten, wie wenn die Cession an ihn gar nicht vorgekommen wäre, und ohne Rücksicht darauf, ob und unter welchen Bedingungen er die fraudulöserweise erworbene Forderung wieder veräußert, insbesondere ob er eine Cessionsvaluta erhalten hat. BPr. X, 263.

(Wert statt der Sache.) Wenn der Anfechtungsbeklagte die empfangene Sache veräußert oder verschlechtert hat, so muß ohne weiteres der Wert der veräußerten Sache als Surrogat derselben an deren Stelle treten, und es kann der Antrag des Anfechtungsklägers auf Zahlung des Wertes oder Schadens gerichtet sein. GrB. XXVII, 1140 u. A. 7, 169. V. CS. 9. 12. 82. JW. 83, 196. II. CS. 12. 6. 83. BPr. II, 602. II. CS. 26. 5. 85. JW. 86, 248. VI. CS. 2. 6. 86 u. E. 10, 10. I. CS 20. 6. 83. JW. 99, 77 u. E. 44, 93. II. CS. 20. 10. 99. Als Wert der nicht mehr restituierbaren Sache ist aber nicht etwa der vermutlich mindere Erlös anzusehen, der bei einem Exekutionsverkaufe erzielt worden wäre. JW. 93, 139 u. E. 30, 85. VI. CS. 12. 1. 93.

Neben der Bestimmung des § 7 Abs. 1 über Inhalt und Umfang des Anf.Anspruchs kommen nicht noch andere Vorschriften des bürgerlichen Rechtes in Betracht und zur Anwendung. BPr. XII, 208. E. 44, 95. II. CS. 20. 10. 99.

§ 8.

Wegen Erstattung einer Gegenleistung oder im Fall einer anfechtbaren Leistung wegen seiner Forderung kann der Empfänger sich nur an den Schuldner halten.

(Verhältnis zwischen Empfänger und Schuldner.) Die Frage, ob und inwieweit Ersatzansprüche dem Anfechtungsbeklagten — Empfänger — an den Schuldner stattfinden, hat allein das einschlagende bürgerliche Recht zu beantworten. JW. 84, 89. V. CS. 29. 1. 84.

(Rückbehaltungsrecht ausgeschlossen.) Durch § 8 ist jedes Recht des Empfängers, die Sache wegen Gegenansprüche desselben an den Schuldner zurückzubehalten, dem Anfechtungskläger gegenüber beseitigt. A. 9, 435 u. JW. 84, 89. V. CS. 29. 1. 84 u. E. 20, 162. V. CS. 10. 3. 88. BPr. VI, 267.

§ 9.

Erfolgt die Anfechtung im Wege der Klage, so hat der Klageantrag bestimmt zu bezeichnen, in welchem Umfange und in welcher Weise die Rückgewähr seitens des Empfängers bewirkt werden soll.

(Klageantrag.) Das Gericht ist nicht behindert, für die Bewirkung der Rückgewähr eine andere Modalität, als die im Klageantrage bezeichnete, vorzuschreiben. E. 9, 66. III. CS. 20. 4. 83.

Klage auf bloße Feststellung der Unwirksamkeit der angefochtenen Rechtshandlung mit dem Vorbehalt, über die Rückgewähr in einem späteren Prozesse entscheiden zu lassen, ist nicht statthaft. Die Vorschrift des § 9 ist nicht dispositivi, sondern stricti juris. JW. 89, 85 u. E. 23, 6. II. CS. 22. 1. 89. JW. 96, 698. III. CS. 10. 11. 96. BPr. XXIII, 242.

Unzulässig ist der Antrag: einen Mietvertrag auf Grund des Anf.Gesetzes aufzuheben; verlangt kann nur werden: Verurteilung zur Erstattung des Mietwertes. BPr. VII, 295.

§ 10.

Liegt ein nur vorläufig vollstreckbarer Schuldtitel des Gläubigers oder ein unter Vorbehalt ergangenes Urtheil (Civilprozeßordnung §§ 540, 599) vor, so ist in dem den Anfechtungsanspruch für begründet erklärenden Urtheile die Vollstreckung desselben davon abhängig zu machen, daß die gegen den Schuldner ergangene Entscheidung rechtskräftig oder vorbehaltlos wird.

CPO. § 540. Werden nach Vorschrift des § 279 Vertheidigungsmittel zurückgewiesen, so ist die Geltendmachung derselben dem Beklagten vorzubehalten.

Enthält das Urtheil keinen Vorbehalt, so kann die Ergänzung des Urtheils nach Vorschrift des § 321 beantragt werden.

Das Urtheil, welches unter Vorbehalt der Geltendmachung von Vertheidigungsmitteln ergeht, ist in Betreff der Rechtsmittel und der Zwangsvollstreckung als Endurtheil anzusehen.

§ 599. Dem Beklagten, welcher dem geltend gemachten Anspruche widersprochen hat, ist in allen Fällen, in denen er verurtheilt wird, die Ausführung seiner Rechte vorzubehalten.

Enthält das Urtheil keinen Vorbehalt, so kann die Ergänzung des Urtheils nach Vorschrift des § 321 beantragt werden.

Das Urtheil, welches unter Vorbehalt der Rechte ergeht, ist in Betreff der Rechtsmittel und der Zwangsvollstreckung als Endurtheil anzusehen.

Der in Bezug auf die Vollstreckung aus dem Anf.Urteil ausgesprochene Vorbehalt des § 10 ist gegenstandslos, wenn gemäß § 13 der Konkursverwalter die Verfolgung des Anf.Anspruchs übernommen hat oder das bereits rechtskräftige Urteil zur Vollstreckung bringen will, denn er betrifft nur die Ergänzung der Legitimation des anfechtenden Einzelgläubigers und soll und kann nur gelten bei weiterer Verfolgung des Anspruchs durch den Einzelgläubiger. JW. 93, 21. VII. CS. 24. 11. 92.

§ 11.

Die gegen den Erblasser begründete Anfechtung findet gegen den Erben statt.

Gegen einen anderen Rechtsnachfolger desjenigen, welchem gegenüber die anfechtbare Handlung vorgenommen ist, findet die gegen den letzteren begründete Anfechtung statt:

1. wenn ihm zur Zeit seines Erwerbes die Umstände, welche die Anfechtbarkeit des Erwerbes seines Rechtsvorgängers begründen, bekannt waren;
2. wenn er zu den im § 3 Nr. 2 genannten Personen gehört, es sei denn, daß ihm zur Zeit seines Erwerbes die Umstände, welche die Anfechtbarkeit des Erwerbes seines Rechtsvorgängers begründen, unbekannt waren;
3. wenn ihm das Erlangte unentgeltlich zugewendet worden ist.

Im Falle des Abs. 2 Nr. 3 findet auf die Haftung des Rechtsnachfolgers die Vorschrift des § 7 Abs. 2 Anwendung.

Zur Erstreckung der Fristen in Gemäßheit des § 4 genügt die Zustellung des Schriftsatzes an den Rechtsnachfolger, gegen welchen die Anfechtung erfolgen soll.

(Rechtsnachfolger.) Als Rechtsnachfolger ist jeder Dritte anzusehen, welchem gegenüber der Mitkontrahent eine Rechtshandlung vorgenommen hat, auf Grund deren dieser Dritte an der veräußerten Sache ein Recht beansprucht, durch welches der anfechtende Gläubiger behindert wird, aus dieser Sache seine Befriedigung zu erlangen. E. 9, 87 u. JW. 83, 197. V. CS. 11. 4. 83 u. E. 15, 371. V. CS. 24. 10. 85.

Die Teilnahme an der vom Schuldner beabsichtigten Benachteiligung der Gläubiger, welche in der Kenntnis des Rechtsnachfolgers von dieser Absicht des Schuldners besteht, begründet selbständig die Anfechtungsbefugnis gegen jeden Rechtsnachfolger, und es besteht kein Hindernis neben dem letzten Singularsuccessor auch den Schuldner, den ursprünglichen Erwerber, sowie jeden weiteren Rechtsnachfolger mit einer Klage in Anspruch zu nehmen. JW. 91, 572. VI. CS. 12. 11. 91.

Ist die Anfechtung gegen den Anf.Beklagten, als Rechtsnachfolger im Sinne des § 11, nach § 11 begründet, so ist er auch zur Rückgewähr des vom Schuldner Weggegebenen, soweit es zur Befriedigung des Anf.Klägers erforderlich ist, verpflichtet, und auf diese Verpflichtung ist die Weiterveräußerung an einen Vierten einflußlos. JW. 94, 17. VI. CS. 9. 11. 93.

(Verwandte.) Unter den im § 3, Nr. 2 genannten Personen sind solche Personen zu verstehen, die zu dem Schuldner, nicht solche, die zu ihrem eigenen unmittelbaren Rechtsvorgänger in einem der in § 3, Nr. 2 bezeichneten Verhältnisse stehen. E. 19, 202 u. BPr. V, 535. VI. CS. 2. 11. 87.

(Beweisregel.) Nach § 11, Nr. 2 bedarf es der Behauptung der Nachweisung des bösen Glaubens des Rechtsnachfolgers nicht, sofern derselbe zu den § 3, Nr. 2 erwähnten Personen gehört; die Anfechtung findet vielmehr statt, wenn sie gegen den Rechtsvorgänger begründet ist, sofern der Rechtsnachfolger nicht beweist, daß er zur Zeit seines Erwerbes von den Umständen, welche die Anfechtung begründen, keine Kenntnis gehabt hat. Dies ist nicht lediglich eine Beweisregel, sondern eine Vorschrift zur Erleichterung der Anfechtungsklage. E. 12, 141 u. JW. 85, 94. III. CS. 16. 1. 85.

(Frist.) Die Frist des § 3, Nr. 2 gilt auch für den Fall des § 11, Nr. 2. A. 6, 121. V. CS. 28. 6. 82.

Die Innehaltung der in § 3, 2 enthaltenen Fristbestimmung wird nicht erfordert, es genügt zur Vermutung der bösen Absicht, wenn der beklagte Rechtsnachfolger zu den in § 3 Nr. 2 genannten Personen gehört, und er wird sachfällig, wenn er den Gegenbeweis gegen die Vermutung nicht erbringt. E. 45, 47. II. CS. 24. 11. 99.

§ 12.

Die Anfechtung einer nach § 3 Nr. 1 anfechtbaren Handlung kann nur binnen zehn Jahren erfolgen. Auf den Lauf der Frist finden die für die Verjährung geltenden Vorschriften des § 203 Abs. 2 und der §§ 206, 207 des Bürgerlichen Gesetzbuchs entsprechende Anwendung.

Die Frist beginnt mit dem Zeitpunkt, in welchem der Gläubiger den vollstreckbaren Schuldtitel erlangt hatte und seine Forderung fällig war, wenn aber die Rechtshandlung nach diesem Zeitpunkte vorgenommen ist, mit der Vornahme der Handlung.

Die Anfechtung ist ausgeschlossen, wenn seit der Vornahme der Rechtshandlung dreißig Jahre verstrichen sind.

BGB. § 203. Die Verjährung ist gehemmt, solange der Berechtigte durch Stillstand der Rechtspflege innerhalb der letzten sechs Monate der Verjährungsfrist an der Rechtsverfolgung verhindert ist.

Das Gleiche gilt, wenn eine solche Verhinderung in anderer Weise durch höhere Gewalt herbeigeführt wird.

§ 206. Ist eine geschäftsunfähige oder in der Geschäftsfähigkeit beschränkte Person ohne gesetzlichen Vertreter, so wird die gegen sie laufende Verjährung nicht vor dem Ablaufe von sechs Monaten nach dem Zeitpunkte vollendet, in welchem die Person unbeschränkt geschäftsfähig wird oder der Mangel der Vertretung aufhört. Ist die Verjährungsfrist kürzer als sechs Monate, so tritt der für die Verjährung bestimmte Zeitraum an die Stelle der sechs Monate.

Diese Vorschriften finden keine Anwendung, soweit eine in der Geschäftsfähigkeit beschränkte Person prozessfähig ist.

§ 207. Die Verjährung eines Anspruchs, der zu einem Nachlasse gehört oder sich gegen einen Nachlass richtet, wird nicht vor dem Ablaufe von sechs Monaten nach dem Zeitpunkte vollendet, in welchem die Erbschaft von dem Erben angenommen oder der Konkurs über den Nachlass eröffnet wird oder von welchem an der Anspruch von einem Vertreter oder gegen einen Vertreter geltend gemacht werden kann. Ist die Verjährungsfrist kürzer als sechs Monate, so tritt der für die Verjährung bestimmte Zeitraum an die Stelle der sechs Monate.

§ 13.

Wird über das Vermögen des Schuldners das Konkursverfahren eröffnet, so steht die Verfolgung der von Konkursgläubigern erhobenen Anfechtungsansprüche dem Konkursverwalter zu. Aus dem Erstrittenen sind dem Gläubiger die Prozeßkosten vorweg zu erstatten.

Ist das Verfahren über den Anfechtungsanspruch noch rechtshängig, so wird dasselbe unterbrochen. Im Fall einer Verzögerung der Aufnahme kommen die Bestimmungen der Civilprozeßordnung § 239 zur entsprechenden Anwendung. Der Konkursverwalter kann den Anspruch nach den Vorschriften der Konkursordnung §§ 37 bis 39, 41 in Gemäßheit der §§ 268, 529 der Civilprozeßordnung erweitern. Lehnt der Verwalter die Aufnahme des Rechtsstreits ab, so kann derselbe rücksichtlich der Prozeßkosten von jeder Partei aufgenommen werden. Durch die Ablehnung der Aufnahme wird die Befugniß des Verwalters, nach den Vorschriften der Konkursordnung das Anfechtungsrecht auszuüben, nicht ausgeschlossen.

Soweit der Gläubiger aus dem Zurückzugewährenden eine Sicherung oder Befriedigung erlangt hatte, finden auf die Anfechtung derselben die Vorschriften des § 30 Nr. 1 der Konkursordnung entsprechende Anwendung.

Nach der Beendigung des Konkursverfahrens können Anfechtungsrechte, deren Ausübung dem Konkursverwalter zustand, von den einzelnen Gläubigern nach Maßgabe dieses Gesetzes verfolgt werden, soweit nicht dem Anspruch entgegenstehende Einreden gegen den Verwalter erlangt sind. War die Anfechtung nicht schon zur Zeit der Eröffnung des Konkursverfahrens erfolgt, so wird die im § 3 Nr. 2 bis 4 bestimmte Frist von diesem Zeitpunkte berechnet, sofern die Anfechtung bis zum Ablauf eines Jahres seit der Beendigung des Konkursverfahrens erfolgt.

Rechtshandlungen, welche der Gemeinschuldner rücksichtlich seines nicht zur Konkursmasse gehörigen Vermögens vorgenommen hat, können von den Konkursgläubigern auch während des Konkursverfahrens nach Maßgabe dieses Gesetzes angefochten werden.

CPO. § 239. Im Falle des Todes einer Partei tritt eine Unterbrechung des Verfahrens bis zu dessen Aufnahme durch die Rechtsnachfolger ein.

Wird die Aufnahme verzögert, so können die Rechtsnachfolger zur Aufnahme und zugleich zur Verhandlung der Hauptsache geladen werden.

Der die Ladung enthaltende Schriftsatz ist den Rechtsnachfolgern selbst zuzustellen. Die Ladungsfrist wird von dem Vorsitzenden bestimmt.

Erscheinen die Rechtsnachfolger in dem Termine nicht, so ist auf Antrag die behauptete Rechtsnachfolge als zugestanden anzunehmen und zur Hauptsache zu verhandeln.

§ 268. Als eine Aenderung der Klage ist es nicht anzusehen, wenn ohne Aenderung des Klagegrundes

1. die thatsächlichen oder rechtlichen Anführungen ergänzt oder berichtigt werden;
2. der Klagantrag in der Hauptsache oder in Bezug auf Nebenforderungen erweitert oder beschränkt wird;
3. statt des ursprünglich geforderten Gegenstandes wegen einer später eingetretenen Veränderung ein anderer Gegenstand oder das Interesse gefordert wird.

§ 529. Die Parteien können Angriffs- und Vertheidigungsmittel, welche in erster Instanz nicht geltend gemacht sind, insbesondere neue Thatsachen und Beweismittel vorbringen.

Neue Ansprüche dürfen, abgesehen von den Fällen des § 268 Nr. 2, 3, nur mit Einwilligung des Gegners erhoben werden.

Macht der Beklagte die Aufrechnung einer Gegenforderung geltend, so ist die hierauf gegründete Einwendung zurückzuweisen, wenn nicht der Kläger in die Geltendmachung einwilligt oder der Beklagte glaubhaft macht, dass er ohne sein Verschulden ausser Stande gewesen ist, die Aufrechnung in erster Instanz geltend zu machen. Im Falle der Zurückweisung finden die Vorschriften der §§ 540, 541 Anwendung.

Vgl. unten §§ 29 ff. der Konkursordnung.

Zur Verfolgung des von einem Gläubiger vor Eröffnung des Konkursverfahrens erhobenen Anf.Anspruchs für die Konkursmasse ist der Konkursverwalter auch dann berechtigt, wenn das Urteil im Anf.Prozesse bereits rechtskräftig geworden ist. Die Erteilung der vollstreckbaren Ausfertigung erfolgt dann auf Grund der Bestallung des Verwalters. JW. 93, 20. VI. CS. 24. 11. 92.

(Absonderungsberechtigte.) Ein Auftreten als Konkursgläubiger schließt nicht die Geltendmachung der Eigenschaft eines Absonderungsberechtigten aus. In dieser Eigenschaft kann der Gläubiger sich auch der, von der weiteren Eigenschaft als Konkursgläubiger und von dem Konkursverfahren unabhängigen Rechte aus dem Anfechtungsgesetze vom 21. 7. 79 bedienen. E. 16, 36. II. CS. 6. 4. 86.

Sicherung und Befriedigung vgl. E. 39, 79. VI. CS. 24. 5. 97 bei § 30 Nr. 1 KO.

Die Eintragung in die Konkurstabelle gewährt dem Gläubiger, dessen Forderung festgestellt und nicht vom Gemeinschuldner im Prüfungstermine ausdrücklich bestritten ist, für die Anfechtung aus § 13 Abs. 5 einen vollstreckbaren Titel im Sinne des § 2 dieses Ges. E. 35, 80. III. CS. 24. 5. 95.

§ 14.

Dieses Gesetz tritt im ganzen Umfange des Reichs gleichzeitig mit der Konkursordnung in Kraft.

Dasselbe findet auch auf die vor diesem Zeitpunkte vorgenommenen Rechtshandlungen Anwendung, sofern sie nicht nach den Vorschriften der bisherigen Gesetze der Anfechtung entzogen oder in geringerem Umfange unterworfen sind.

Ist der Anfechtungsanspruch zur Zeit des Inkrafttretens dieses Gesetzes rechtshängig, so bleiben für die Entscheidung des Rechtsstreits die Vorschriften der bisherigen Gesetze maßgebend.

(Vermutungen aufgehoben.) Durch § 14 werden alle Vermutungen (auch betreffs der vor dem 1. 10. 79 vorgenommenen Rechtshandlungen) beseitigt, welche gemeinrechtlich bei Anfechtung eines Veräußerungsvertrages rücksichtlich der Beweislast und Beweisführung zu Ungunsten des Veräußerers oder Erwerbers bestehen. A. 3, 417. III. CS. 1. 3. 81.

(Rückwirkende Kraft.) Die rückwirkende Kraft bezieht sich ausschließlich auf erworbene Rechte, sie ist ausgeschlossen, wenn und so weit der Anfechtungsgegner nach den zur Zeit des Erwerbes geltenden Gesetzen unanfechtbar erworben hat, oder wenn nach diesen Gesetzen wegen Ablaufs der Verjährungsfrist die Rechtshandlung unanfechtbar geworden ist. A. 3, 415. 417 u. E. 4, 35. III. CS. 1. 3. 81.

Die §§ 29 ff. der Konkursordnung
vom 10. Februar 1877.

(RGBl. S. 351.)

In der Fassung der Bekanntmachung v. 20. Mai 1898.

(RGBl. 1898 S. 612.)

Die abweichenden Nrn. der alten §§ sind in Klammer hinter die jetzigen §§-Zahlen gesetzt und die Abweichungen von dem früheren Gesetzestexte durch gesperrte Schrift erkennbar gemacht.

---

3. Titel. Anfechtung.

§ 29 (22).

Rechtshandlungen, welche vor der Eröffnung des Konkursverfahrens vorgenommen sind, können als den Konkursgläubigern gegenüber unwirksam nach Maßgabe der folgenden Bestimmungen angefochten werden.

(Gerichtsstand.) Für die Anfechtungsklage des Konkursverwalters gegen ein Vollstreckungsverfahren ist dem Gemeinschuldner und dessen das Vollstreckungsverfahren betreibenden Gläubigern gegenüber das in den Fällen des § 771 (690) CPO. zuständige Gericht. A. 3, 427. III. CS. 8. 3. 81. D. h. also das Gericht, in dessen Bezirk die Zwangsvollstreckung erfolgte, nicht der Gerichtsstand des Vertrages nach § 29 CPO. E. 30, 402. VI. CS. 2. 1. 93.

Gerichtsstand vgl. auch JW. 90, 68. VI. CS. 16. 1. 90. — 95, 202. VI. CS. 14. 2. 95.

Es ist nicht angängig, wenn der Konkursverwalter die Anfechtung in Pausch und Bogen auf die §§ 29 (22) ff. stützt, er hat vielmehr den Thatbestand einer bestimmten hier einschlägigen Gesetzesvorschrift zu begründen. BPr. X, 264[d].

Die Anerkennung einer Kontokorrentforderung durch den Konkursverwalter im Prüfungstermin enthält nur die Erklärung, daß ein Widerspruch gegen die Geltendmachung einer Forderung in dem Betrage, welchen der Saldo ergiebt, nicht erhoben werde — nicht aber, daß der Konk.Verwalter die einzelnen Geschäfte, auf welche sich die Saldoposten beziehen, als unanfechtbar anerkenne. JW. 93, 159. VI. CS. 26. 1. 93.

(Anwendbarkeit der Vorschriften.) Die §§ 29 (22) ff. beziehen sich auf die Anfechtung von Rechtshandlungen, welche, wenn auch an sich gültig, aus besonderen Gründen den Konkursgläubigern gegenüber unwirksam sind. JW. 87, 96. VI. CS. 21. 2. 87 u. 234. II. CS. 29. 4. 87.

Auch solche Rechtshandlungen, bei welchen der Gemeinschuldner in keiner Weise mitgewirkt hat, sind, die übrigen Erfordernisse der Anfechtbarkeit vorausgesetzt, anfechtbar. A. 2, 199 u. GrB. XXV, 107. V. CS. 2. 6. 80.

Ausschlagung einer noch nicht erworbenen Erbschaft unterliegt als ein bloßer Nichterwerb der Anfechtung der Gläubiger nicht. JW. 90, 237. VI. CS. 22. 5. 90.

Zu den nach §§ 29 (22) ff. anfechtbaren Rechtshandlungen gehören auch Leistungen, welche vom Gläubiger erzwungen sind, insbesondere durch Arrestanlegung erwirkte Sicherheitsbestellungen. E. 2, 374. V. CS. 2. 6. 80 u. E. 3, 398. II. CS. 7. 12. 80. E. 4, 435. II. CS. 13. 5. 81.

Rechtsgeschäfte, welche die Herbeiführung einer Aufrechnung bezwecken, können sowohl dann angefochten werden, wenn gewisse Gegenstände unmittelbar an Zahlungsstatt hingegeben wurden, als auch dann, wenn ein wirklicher Verkauf beabsichtigt war, der Käufer aber den von ihm zu bezahlenden Kaufpreis zur Aufrechnung verwenden, also durch das abgeschlossene Geschäft mittelbar Befriedigung erlangen sollte. E. 26, 81. v. 21. 12. 89.

Ob die Begünstigung eines einzelnen Gläubigers vor eröffnetem oder nach beendigtem Konkurse zulässig ist, entscheidet sich nicht nach § 181 (168) Konk.Ord., sondern nach den Grundsätzen der §§ 29 (22) ff. a. a. O. JW. 85, 185. IV. CS. 26. 3. 85.

Durch §§ 29 (22) ff. wird den Gläubigern nur das Recht eingeräumt, gewisse Verfügungen des Schuldners *in ihrem Erfolge* anzufechten. JW. 85, 355. II. CS. 30. 10. 85.

Die vorläufige außergerichtliche Pfändung (§ 845 CPO.) einer Geldforderung wird dadurch nicht unwirksam, daß die nachfolgende gerichtliche Pfändung an sich nach §§ 29 (22) ff. angefochten werden kann. E. 42, 365. III. CS. 16. 9. 98.

(Zweck der Anfechtung.) Anfechtungsklage ist nicht gegeben, um simulierte Rechtsgeschäfte anzugreifen, Simulation macht ein Geschäft schon an sich ungiltig. JW. 87, 96. II. CS. 8. 2. 87.

(Voraussetzung und Zweck der Anfechtungsklage.) Die Anfechtungsklage der §§ 29 (22) ff. hat zur Voraussetzung ein Konkursverfahren und zum Zweck, den Konkursgläubigern gegenüber das betreffende Rechtsgeschäft für unwirksam zu erklären. Das Rechtsgeschäft behält daher, auch im Falle der gerichtlichen Anerkennung der Anfechtbarkeit, seine Giltigkeit gegenüber den handelnden Teilen, namentlich gegenüber dem Gemeinschuldner. — Nach einem Zwangsvergleiche oder der Einstellung des Konkursverfahrens kann daher von einer Anfechtung nicht mehr die Rede sein. Insbesondere steht dem Gemeinschuldner solchenfalls nicht das Recht zu, eine vom Konkursverwalter erhobene Anfechtungsklage fortzusetzen. A. 5, 363 u. E. 7, 35. II. CS. 14. 3. 82. — 30, 71. VI. CS. 5. 1. 83. — 31, 43. VI. CS. 27. 3. 93.

Das dem Konk.Verwalter zustehende Anfechtungsrecht setzt nur voraus, daß eine vor Eröffnung des Konkursverfahrens vorgenommene Rechtshandlung angefochten wird, und daß einer der Anf.Gründe vorliege; daß das Konkursverfahren mit Recht eröffnet wurde, hat der Konk.Verwalter nicht zu beweisen, auch ist der Einwand, die Konkurseröffnung hätte nicht stattfinden dürfen, im Anfechtungsprozesse nicht zu beachten. JW. 99, 728. II. CS. 13. 10. 99.

Die Frage, ob die Voraussetzungen einer Anfechtung auf Grund der §§ 29 (22) ff. vorliegen, ist nicht durch das Konk.Gericht, sondern im Wege des ordentlichen Prozesses durch Urteil zu entscheiden. JW. 89, 423. II. CS. 27. 9. 89.

(Wirkung der Anfechtungsklage.) Die erfolgreiche Anfechtung einer Rechtshandlung durch die Konkursgläubiger verschafft nur ihnen Rechte, kommt aber anderen Beteiligten nicht zu statten, diesen gegenüber bleibt die Handlung so lange als giltig bestehen, als sie nicht ebenfalls dieselbe wirksam anfechten. E. 20, 30 u. JW. 88, 69. VI. CS. 5. 12. 87.

Die Anfechtung bewirkt nicht Nichtigkeit des mit Erfolg angefochtenen Geschäftes. BPr. I, 555. II. CS. 20. 1. 85.

Unstatthafte Klageänderung liegt vor, wenn der Anf.Anspruch, der in der Klageschrift aus § 31 (24) Nr. 1 abgeleitet wurde, späterhin auf § 30 (23) Nr. 2 gestützt wird. E. 22, 389. III. CS. 19. 10. 88. Vgl. dazu indessen § 264 CPO.

Der Wert des Streitgegenstandes ist nach dem Ermessen des Prozeßgerichts festzusetzen. E. 34, 404. Vgl. dagegen oben S. 29.

Der Gemeinschuldner ist in Anf.Prozessen nicht Partei, es steht deshalb seiner Vernehmung als Zeuge nichts im Wege. JW. 91, 179. VI. CS. 16. 2. 91.

Zu den Konkursgläubigern gehören auch bedingt berechtigte Gläubiger und die Absonderungsberechtigten, letztere soweit sie nicht durch die Absonderung befriedigt werden. E. 9, 50. — 17, 27. — JW. 87, 14.

§ 30 (23).

Anfechtbar sind:

1. die nach der Zahlungseinstellung oder dem Antrage auf Eröffnung des Verfahrens von dem Gemeinschuldner eingegangenen Rechtsgeschäfte, durch deren Eingehung die Konkursgläubiger benachtheiligt werden, wenn dem anderen Theile zu der Zeit, als er das Geschäft einging, die Zahlungseinstellung oder der Eröffnungsantrag bekannt war; sowie die nach der Zahlungseinstellung oder dem Eröffnungsantrage erfolgten Rechtshandlungen, welche einem Konkursgläubiger Sicherung oder Befriedigung gewähren, wenn dem Gläubiger zu der Zeit, als die Handlung erfolgte, die Zahlungseinstellung oder der Eröffnungsantrag bekannt war;
2. die nach der Zahlungseinstellung oder dem Antrage auf Eröffnung des Verfahrens oder in den letzten zehn Tagen vor der Zahlungseinstellung oder dem Eröffnungsantrage erfolgten Rechtshandlungen, welche einem Konkursgläubiger eine Sicherung oder Befriedigung gewähren, die er nicht oder nicht in der Art oder nicht zu der Zeit zu beanspruchen hatte, sofern er nicht beweist, daß ihm zur Zeit der Handlung weder die Zahlungseinstellung und der Eröffnungsantrag, noch eine

Absicht des Gemeinschuldners, ihn vor den übrigen Gläubigern zu begünstigen, bekannt war.

(Gerichtsstand.) Eine nach § 30 anfechtbare Handlung stellt eine unerlaubte Handlung im Sinne des § 32 CPO. nicht dar, und die Anstrengung der Anfechtungsklage beim Gericht des anfechtbaren Rechtsgeschäfts ist deshalb unzulässig. E. 10, 327. I. CS. 25. 11. 82 u. JW. 88, 365, Erk. v. 28. 6. 88; dagegen:

Für die auf § 30 gestützte Klage ist der Gerichtsstand begründet, wo die unerlaubte Handlung begangen wurde. JW. 84, 110. V. CS. 20. 2. 84. GrB. XXVIII, 1124. V. CS. 17. 5. 84 u. E. 10, 334. II. CS. 16. 6. 83.

(Natur der Anfechtungsklage.) Die Klage hat zum Gegenstande einen persönlichen Anspruch der Konkursgläubiger gegen Beklagten, welcher seine Grundlage in einer im allgemeinen Interesse des Verkehrs und Kredits gegebenen besonderen gesetzlichen Vorschrift hat, die einen gleichmäßigen Schutz aller Gläubiger des Gemeinschuldners in ihrem Anspruche auf Befriedigung aus dessen Vermögen bezweckt. E. 10, 329. I. CS. 25. 11. 82, siehe dagegen unten.

(Zweck der Anfechtungsklage.) § 30 bezweckt die gleichmäßige Befriedigung aller Gläubiger durch das Konkursverfahren und will, daß der Gemeinschuldner diesem Rechte der Gläubiger entsprechend Veränderungen seines Vermögensstandes zu Gunsten einzelner Gläubiger unterlasse. E. 6, 46. III. CS. 14. 2. 82.

(Anwendbarkeit.) Vgl. oben bei § 29, Erk. vom 2. 6. 80, 7. 12. 80 u. 13. 5. 71.

(Zahlungseinstellung.) Für die Thatsache der Zahlungseinstellung ist ohne Bedeutung, daß der Schuldner ohne hinlänglichen Grund glaubte, er werde die Krisis, in welcher er sich befand, überwinden. BPr. I, 2168. I. CS. 15. 11. 84.

Ein fortgesetztes Beharren bei der Nichtzahlung fälliger Schulden, verbunden mit einem solchen Verhalten, bei welchem immer bis zum Augenblicke des Eintritts unvermeidlichen Zwanges gewartet wurde, um nun zu versuchen, sich durch Verkauf entsprechender Partieen der Geschäftsbestände aus der Verlegenheit zu helfen, und zwar in einer Weise, daß diese Bestände zunächst fortgeschafft wurden, ehe der Preis erhoben und zur Zahlung verwendet wurde, enthält eine Zahlungseinstellung. JW. 85, 92. I. CS. 22. 12. 84.

Zahlungseinstellung ist dann als vorhanden anzunehmen, wenn der Schuldner seine Verpflichtungen in der Allgemeinheit zu erfüllen aufgehört hat, wenn der Grund hierfür in der Unmöglichkeit lag, allen Gläubigern gerecht zu werden, und wenn es sich nicht um einen alsbald zu beseitigenden Zustand, eine bloße Zahlungsstockung, gehandelt hat. GrB. XXVI, 832. V. CS. 19. 14. 82. BPr. III, 1510. IIIª. CS. 9. 6. 86.

In der Flucht des Gemeinschuldners, welcher unter Mitnahme erheblicher Geldmittel ohne Zurücklassung bereiter Mittel entwichen ist, liegt der Thatbestand der Zahlungseinstellung. BPr. I, 2170. III. CS. 20. 3. 85 u. 2171. I. CS. 8. 4. 85.

Die Erklärung eines Schuldners, gegen welchen ein Hauptgläubiger einen vollstreckbaren Titel erlangt hatte, er könne nicht zahlen, Gläubiger möge sich an die Waren halten, begründet den Thatbestand der Zahlungseinstellung. BPr. I, 2172. II. CS. 15. 5. 85.

Wenn ein Kaufmann durch Kollusion mit einem Dritten sich einen fingierten Schuldtitel schafft, um mit Hülfe desselben durch Pfändung sich Mobiliar und Warenlager zu sichern, so liegt Zahlungseinstellung vor. BPr. IV, 1572. IIIª. CS. 24. 2. 87.

Die bloße Thatsache, daß der Gemeinschuldner zu dem betreffenden Zeitpunkte bereits überschuldet gewesen, seine fälligen Schulden unbezahlt gelassen und in mehreren Fällen seinen Verbindlichkeiten gegen einzelne Gläubiger nicht habe nachkommen **können**, reicht nicht aus, die Zahlungseinstellung nachzuweisen. BPr. I, 2174. III. CS. 9. 12. 84. JW. 91, 254. III. CS. 20. 3. 91, andererseits schließt der Umstand, daß einzelne Zahlungen geleistet werden, die Thatsache der Zahlungseinstellung nicht aus. JW. 91, 180. VI. CS. 16. 2. 91. — 95, 298. III. CS. 17. 5. 95. — 96, 357. VI. CS. 21. 5. 96.

Der Umstand, daß gegen den späteren Gemeinschuldner viele Pfändungen vorgekommen sind, begründet für sich allein nicht notwendig den Thatbestand der Zahlungseinstellung. BPr. IV, 1571.

Ist die Zahlungseinstellung die in die äußere Erscheinung getretene Zahlungsunfähigkeit, so muß sie auch, wenn auch nicht jedem, so doch innerhalb des beteiligten Geschäftskreises zur Zeit des der Anfechtung ausgesetzten Rechtsgeschäfts erkennbar geworden sein. Die Verpfändung von Waren zur Verschaffung von Barmitteln muß nicht einmal Symptom wirtschaftlichen Niederganges sein; die Hingabe von Waren an Zahlungsstatt **kann**, die Abgabe solcher unter dem Selbstkostenkreis wird ein Symptom der Zahlungsunfähigkeit sein; diese Veräußerungen sind aber dazu bestimmt, den Eintritt der Zahlungseinstellung hintanzuhalten. JW. 93, 562. VI. CS. 2. 11. 93.

Zahlungseinstellung ist solange nicht vorliegend, als der Schuldner zahlt; ob er die Mittel dazu auf redlichem oder unredlichem Wege erlangt hat, ist für die Frage der Zahlungseinstellung ohne Belang. JW. 01, 653. VII. CS. 5. 7. 01.

Verweigerung der Zahlung ist nur dann als Zahlungseinstellung anzusehen, wenn angenommen werden muß, daß nicht nur eine bestimmte Zahlung unterbleiben soll, sondern vielmehr, daß überhaupt keine Zahlung mehr geleistet werden kann, daß der Schuldner unfähig ist, überhaupt noch zu zahlen. Bloße Zahlungsstockungen beweisen deshalb noch nicht eine Zahlungseinstellung. JW. 98, 12. II. CS. 9. 11. 97.

Zahlungseinstellung setzt ein Nichtzahlenkönnen, nicht ein Nichtzahlenwollen voraus. JW. 95, 479. III. CS. 20. 9. 95.

Das Gesetz versteht unter Zahlungseinstellung nichts anderes, als die in die äußere Erscheinung getretene Thatsache, daß ein Schuldner aus dem Grunde der Zahlungsunfähigkeit in der Allgemeinheit aufgehört habe, seine fälligen Verbindlichkeiten zu erfüllen, JW. 91, 93. II. CS. 2. 1. 91. — 91, 180. VI. CS. 16. 2. 91; die bloße Nichtberichtigung fälliger Schulden genügt nicht zu der Annahme, daß das Zahlungsunvermögen durch irgend einen auch Dritten erkennbaren Umstand in die äußere Erscheinung getreten ist. JW. 98, 508. II. CS. 5. 5. 98. Andererseits kann aber auch unter Umständen schon die Unterlassung einer einzigen fälligen Zahlung zur Annahme der Zahlungseinstellung genügen, JW. 92, 238. VI. CS. 7. 4. 92, zumal wenn ein Hauptgläubiger es ist, der die Zahlung verlangte, und ihm gegenüber die Zahlungsunfähigkeit als Grund der Nichtzahlung hervortrat. JW. 01, 653. VII. CS. 5. 7. 01. — 01, 753. VII. CS. 4. 10. 01.

(Zahlungsunfähigkeit.) Die Anfechtbarkeit der im § 30 genannten Rechtsgeschäfte knüpft das Gesetz nicht an die Zahlungsunfähigkeit, sondern an die Zahlungseinstellung des Gemeinschuldners. A. 3, 90. II. CS. 23. 11. 80.

(Bevollmächtigter.) Die dem Bevollmächtigten des Gläubigers innewohnende Kenntnis von der Zahlungseinstellung des Schuldners muß der Vollmachtgeber gegen sich gelten lassen. A. 5, 364. II. CS. 17. 3. 82 u. BPr. I, 538. I. CS. 8. 4. 85.

Im Falle der Kenntnis oder Nichtkenntnis des Bevollmächtigten des Anf.Beklagten kommt es nicht darauf an, was der Bevollmächtigte unter Zahlungseinstellung versteht, sondern ob er die Wahrnehmung eines Zustandes gemacht hat, der im Sinne des Gesetzes sich als Zahlungseinstellung erweist. JW. 95, 226. VI. CS. 18. 3. 95. AM. BPr. VIII, 252.

(Gerichtsvollzieher.) Zu den Bevollmächtigten des Gläubigers, deren innewohnende Kenntnis von der Zahlungseinstellung des Schuldners er gegen sich gelten lassen muß, gehört der mit der Zwangsvollstreckung von ihm betraute Gerichtsvollzieher an sich nicht, sondern nur dann, wenn er demselben eine besondere Vollmacht erteilt hatte. E. 9, 363. III. CS. 5. 6. 83. BPr. 1519.

Nicht jeder Beauftragte ist Stellvertreter des Auftraggebers; eine Stellvertretung findet bei der von dem Gerichtsvollzieher im Auftrage des Gläubigers vorgenommenen Pfändung nicht statt, weil der Gerichtsvollzieher die Pfändung kraft seines Amtes vollzieht, diese Amtshandlung aber nicht auf den Gläubiger bezogen werden kann, wie wenn sie von ihm selbst vorgenommen wäre. JW. 93, 21. III. CS. 1. 11. 92.

(Befriedigung.) Die Befriedigung, welche der Gläubiger durch die Versteigerung der für ihn gepfändeten Gegenstände erlangt hat, unterliegt nicht der Anfechtung, wenn die Pfändung selbst in unanfechtbarer Weise, E. 17, 26 u. JW. 87, 14. VI. CS. 9. 12. 86, d. h. wenn sie nicht etwa innerhalb des kritischen Zeitraums der letzten zehn Tage erfolgt war; in diesem Falle ist die Befriedigung anfechtbar. JW. 89, 109. I. CS. 7. 11. 88.

Anfechtung ist nicht begründet, wenn der Gläubiger diejenige Befriedigung, welche er während des kritischen Zeitraumes des § 30 (23) Nr. 1 u. 2, erhalten hat, zufolge eines noch v o r diesem Zeitraume abgeschlossenen Vertrages zu beanspruchen hatte. JW. 86, 74. II. CS. 8. 1. 86.

Die Wiederherbeischaffung — event. auch nach der Zahlungseinstellung — einer dem Anf.Beklagten gehörigen und dem Schuldner früher übergebenen Sache zum Zweck der Wiedererstattung und die Herausgabe derselben an den Anf.Beklagten enthalten nicht den Thatbestand einer anfechtbaren Sicherung oder Befriedigung, weil dem Schuldner die Pflicht zur Herausgabe obliegt, und der Anf.-Beklagte nur das zurückerhält, was nicht zur Masse gehört, sein Eigentum. JW. 96, 5. VI. CS. 14. 11. 95.

Eine Verhinderung der Deckung, welche der Gläubiger des

Gemeinschuldners für seine Forderung dadurch schafft, daß er auf dieselbe eine Schuld aufrechnet, welche er zu einer Zeit, als er bereits Gläubiger war, gegen den Gemeinschuldner kontrahierte, kann nur durch Anfechtung auf Grund des § 30 (23) bewirkt werden; den Gegenstand der Anfechtung muß, sofern anderenfalls die gesetzlichen Voraussetzungen der Aufrechnung vorhanden bleiben, das Rechtsgeschäft bilden, durch welches die sonst aufrechenbare Schuld begründet worden ist. E. 26, 82. I. CS. 21. 12. 89.

Die Aufrechnung ist nicht anfechtbar, wenn sich zwei in einwandfreier Weise begründete Gegenforderungen gegenüberstehen. JW. 95, 83. II. CS. 18. 1. 95. So darf der Privatschuldner eines Gesellschafters eine Forderung, die ihm gegen die Gesellschaft zusteht, also eine Gesellschaftsschuld im Konkurse über das Gesellschaftsvermögen zur Aufrechnung bringen, vorausgesetzt, daß beide Forderungen schon vor der Konkurseröffnung als fällige sich gegenüberstanden. JW. 98, 223. I. CS. 5. 2. 98.

Beim § 30 (23) handelt es sich um die Kenntnis bezw. Nichtkenntnis des Gläubigers von dem Umstande, daß eine allgemeine, durch dauernde Zahlungsunfähigkeit veranlaßte Einstellung der Zahlungen stattgefunden hat; wenn der Gläubiger eine solche Lage des Gemeinschuldners nicht erkannt hat, so ist die Anfechtung aus § 30 (23) Nr. 1 ausgeschlossen und diejenige aus § 30 (23) Nr. 2 wirkungslos, wenn außerdem noch vorliegt, daß der Gläubiger von einer Begünstigungsabsicht des Gemeinschuldners keine Kenntnis gehabt hat. Der Richter ist nicht berechtigt, die Kenntnis der Thatsachen, aus welchen nach seiner Ansicht auf Zahlungseinstellung zu schließen ist, ohne weiteres der Kenntnis der Zahlungseinstellung selbst gleichzustellen und die subjektive Meinung des Gläubigers als unerheblich zurückzuweisen. E. 23, 115. III. CS. 14. 5. 89.

Rücksichtlich der Kenntnis der Zahlungseinstellung kommt es auf die subjektive Beurteilung des Gläubigers an; ohne eigene subjektive Beurteilung des Gläubigers liegt keine Kenntnis der Zahlungseinstellung vor. BPr. VIII, 248.

Nr. 1.

Auch im Nachlaßkonkurse finden die Vorschriften des § 30 (23) Nr. 1 Anwendung, JW. 90, 238. V. CS. 4. 6. 90, mit der Maßgabe, daß nicht etwa an Stelle der „Zahlungseinstellung" die „Überschuldung" tritt, vielmehr wie im gewöhnlichen Konkurse die Zahlungseinstellung, sei es nun des Erblassers, sei es dessen Erben maßgebend bleibt. JW. 90, 83. IV. CS. 28. 1. 90.

Die Konkursgläubiger müssen durch die Eingehung der anzufechtenden Rechtsgeschäfte benachteiligt sein. Es genügt daher nicht, wenn die Benachteiligung erst nach Eingehung des Rechtsgeschäfts durch die späteren Schicksale der Gegenleistung, insbesondere durch die Verfügungen des Gemeinschuldners über dieselbe erfolgt ist. Der Umstand allein, daß die Gegenleistung für eine von dem Gemeinschuldner nach der Zahlungseinstellung veräußerte Sache nicht an die Konkursmasse gelangt ist, genügt nicht, um eine Benachteiligung der Konk.Gläubiger im Sinne des § 30 (23) Nr. 1 darzuthun. JW. 91, 149. VI. CS. 5. 2. 91. — BPr. XI, 168. — JW. 93, 201. VI. CS. 13. 2. 93. E. 29, 78. III. CS. 20. 5. 92. Die Gegenleistung muß indes in jeglicher Hinsicht gleichwertig sein; dies trifft zu, wenn der Schuldner einen angemessenen Preis in barem Gelde erhält, nicht aber, wenn einzelne Gläubiger des Schuldners durch den Anf.Beklagten befriedigt werden. JW. 94, 547. III. CS. 12. 10. 94. — 95, 127. III. CS. 29. 1. 95. — 92, 336. III. CS. 20. 5. 92.

Der Satz 2 des § 30 (23) Nr. 1 betrifft nur Sicherung oder Befriedigung für eine bereits begründete Forderung, nicht auch eine Rechtshandlung, durch welche der Schuldner für empfangenes Geld gleichzeitig oder gar im Voraus Sicherheit oder Befriedigung gewährt. Ein solch neues Rechtsgeschäft kann aber unter Umständen nach Satz 1 des § angefochten werden, wenn durch dasselbe die Konkursgläubiger benachteiligt werden und dem anderen Teile zur Zeit des Geschäftsabschlusses die Zahlungseinstellung oder der Eröffnungsantrag bekannt war. JW. 90, 192. III. CS. 25. 4. 90. — 92, 312. VI. CS. 16. 5. 92.

Zahlung oder Cession einer Forderung, die nach der Zahlungseinstellung des Zahlenden oder Abtretenden von diesem, für den ein Wechsel aus Gefälligkeit acceptiert war, an den Gefälligkeitsacceptanten geleistet ist, kann im Konkurse dann nicht vom Verwalter zurückgefordert werden, wenn die Zahlung zur Einlösung des Gefälligkeitsaccepts erfolgt und das Gezahlte dazu verwendet bezw. die Cession zu gleichem Zwecke geschehen und die eingezogene Forderung zu gleichem Zwecke verbraucht ist. E. 35, 26. I. CS. 3. 4. 95.

Wurde das angefochtene Geschäft in Erfüllung einer früher rechtsgiltig konstituierten Verbindlichkeit vorgenommen, so kommt es nicht darauf an, ob die Konkursgläubiger durch dasselbe benachteiligt wurden, und das Geschäft ist unanfechtbar. Enthält das fragliche Geschäft aber nur ein Tauschgeschäft an Stelle der früheren Verbindlichkeit, so ist es im Falle der Benachteiligung der Gläubiger anfechtbar. JW. 97, 84. VI. CS. 7. 12. 96.

Die Hingabe eines von einem Dritten acceptierten Wechsels, durch welchen der Schuldner sich hätte Geld verschaffen können, an einen Gläubiger zu dessen Befriedigung, ist anfechtbar. Die Benachteiligung der übrigen Gläubiger liegt darin, daß das durch Diskontierung verschaffbare Geld nicht zur Konkursmasse gekommen ist. JW. 96, 5. II. CS. 3. 12. 95.

Die behufs Vollstreckung eines rechtskräftigen Urteils oder eines anderen vollstreckbaren Titels bewirkte Pfändung von barem Gelde kann nur unter den Voraussetzungen des § 30 (23) Nr. 1 angefochten werden. JW. 84, 49. III. CS. 9. 12. 83. BPr. XII, 210.

(Beweisregeln.) Den Beweis zu § 30 (23) Nr. 1 hat der Konkursverwalter zu führen. E. 23, 114. Eideszuschiebung an die Partei über die Kenntnis oder Nichtkenntnis der Zahlungseinstellung ist zulässig. JW. 89, 324. VI. CS. 8. 7. 89. — 93, 96. I. CS. 7. 12. 91. BPr. VIII, 879.

Spätere Kenntnis, d. h. Kenntnis der Zahlungseinstellung oder des Eröffnungsantrages, die erst nach dem Zeitpunkt des Geschäftsabschlusses eintrat, schadet dem Anf.Beklagten nicht. E. 12, 42.

Zum Thatbestande der Kenntnis von der Zahlungseinstellung gehört mehr als der bloße Zweifel an der Kreditfähigkeit des Schuldners und die etwa mögliche Vermutung des Anf.Beklagten, es könne zum Vermögenszusammenbruche beim Schuldner kommen, zumal wenn damit gleichzeitig der ernstliche Glaube verbunden ist, es werde eine günstige Lösung der schwierigen Lage des Schuldners eintreten. JW. 96, 34. VI. CS. 21. 11. 95.

Ist dem Anf.Beklagten zu der Zeit, als ihm Sicherung oder Befriedigung gewährt wurden, die Zahlungseinstellung oder der Eröffnungsantrag bekannt gewesen, so kommt es für den Erfolg der Anfechtung aus § 30 (23) Nr. 1 nicht darauf an, ob der Gläubiger die ihm gewährte Sicherheit oder Befriedigung zu beanspruchen hatte oder nicht. JW. 92, 311. VI. CS. 16. 5. 92.

Der Einwand, daß die Zahlungsunfähigkeit des Gemeinschuldners erst nach dem Eröffnungsantrage eingetreten und deshalb die in der Zwischenzeit, d. h. nach dem Eröffnungsantrage vorgenommene Rechtshandlung unanfechtbar sei, ist unzulässig. E. 36, 73. VI. CS. 9. 12. 95.

Wegen Bestellung einer Hypothek als Sicherheit und Feststellung des kritischen Zeitpunkts vgl. bei § 3 Anf.Ges.

Nr. 2.

(Natur der Anfechtungsklage, vgl. S. 43.) Das Gesetz betrachtet die absichtliche Begünstigung eines Gläubigers vor den übrigen Gläubigern und die Annahme einer solchen Handlung in Kenntnis der hierauf gerichteten Absicht als unerlaubte Handlungen. Von einem persönlichen Anspruch der Konkursgläubiger gegen den Anfechtungsbeklagten kann man nur mit Beschränkungen sprechen. E. 10, 335. II. CS. 16. 6. 83.

(Beauftragter des begünstigten Gläubigers.) Die Anfechtung des durch einen Beauftragten abgeschlossenen Geschäfts ist aus § 30 (23) Nr. 2 unbedenklich zulässig. BPr. IV, 376. VI. CS. 2. 6. 87.

(Beweisregel.) Die Anfechtbarkeit von Rechtshandlungen aus § 30 (23) Nr. 2 erfordert nicht nur den Beweis, daß der Gläubiger, zu dessen Gunsten die Rechtshandlung geschah, wußte, daß sie zu seinem Vorteil geschah, sondern den Beweis seitens des Gläubigers, daß ihm eine Absicht des Gemeinschuldners, gerade diesen Gläubiger durch die Rechtshandlung zu begünstigen, nicht bekannt war. A. 4, 69. II. CS. 13. 3. 81.

Den Beweis der Zahlungseinstellung oder des Eröffnungsantrages hat der Konk.Verwalter zu führen. JW. 91, 133. VI. CS. 29. 1. 91.

Im Falle des § 30 (23) Nr. 2 hat den Beweis der Nichtkenntnis der Zahlungseinstellung und des Eröffnungsantrages der Anf.Beklagte nur dann zu führen, wenn die anfechtbare Rechtshandlung nach der Zahlungseinstellung oder dem Eröffnungsantrage stattgefunden hat. — Fällt die Zahlungseinstellung oder der Eröffnungsantrag in die 10tägige Frist nach der angefochtenen Rechtshandlung, so hat der Anf.Beklagte nur zu beweisen, daß ihm eine Absicht des Gemeinschuldners, ihn vor den übrigen Gläubigern zu begünstigen, nicht bekannt gewesen ist. JW. 91, 133. VI. CS. 29. 1. 91. — 93, 138. III. CS. 20. 1. 93. — 98, 53 u. E. 40, 90. II. CS. 7. 12. 97.

Der dem Anf.Beklagten obliegende Beweis kann sowohl durch Darlegung eines Mangels seiner Kenntnis der beim Gemeinschuldner etwa vorhandenen Begünstigungsabsicht, als auch durch den Nachweis geführt werden, daß beim Gemeinschuldner selbst diese Absicht nicht vorhanden war. JW. 90, 113. VI. CS. 17. 2. 90.

Bei Berechnung der zehntägigen Frist ist der Tag der Zahlungseinstellung nicht mitzurechnen. JW. 90, 113 u. E. 26, 5. III. CS. 18. 2. 90. BPr. XI, 167.

(Begünstigung.) Unter Umständen kann sich auch in dem passiven Verhalten des Schuldners und seinem Nichtwidersprechen gegen Akte des Gläubigers die Absicht, ihn vor anderen zu begünstigen, realisieren. E. 6, 369. III. CS. 20. 1. 82. JW. 93, 201. III. CS. 16. 3. 93.

Unter Begünstigungsabsicht ist die Absicht gemeint, bei dem bevorstehenden Konkurse zu begünstigen; der Gemeinschuldner muß in dem Bewußtsein gehandelt haben, es werde Konkurs ausbrechen. BPr. II, 594. II. CS. 13. 10. 85.

(Anspruch auf Sicherstellung.) Daß ein Gläubiger auf Grund der Prozeßordnung in der Lage ist, zur Sicherstellung seiner Forderung einen Arrest auszubringen und sich das mit diesem verbundene Pfandrecht zu verschaffen, kann nicht als Anspruch auf Sicherung im Sinne des § 30 (23) Ziff. 2 angesehen werden. E. 6, 368. III. CS. 20. 1. 82. JW. 95, 542. III. CS. 18. 10. 95.

Wenn § 6 des Preuß. Ges. v. 13. 7. 83 sagt, daß der Gläubiger die Eintragung auf alle Grundstücke des Schuldners beanspruchen darf, so liegt der Nachdruck auf „alle Grundstücke", und es ist dem Gläubiger nicht etwa ein civilrechtlicher Anspruch auf die „Eintragung" gegeben, wie ihn § 30 (23) Nr. 2 voraussetzt. JW. 94, 16. VI. CS. 13. 11. 93.
(Abgedr., weil analog auf die Bestimmungen der §§ 866 ff. CPO. anzuwenden.)

Ein Wechselgläubiger hat so lange Anspruch auf Sicherstellung aus Art. 26, 29 WO., als nicht Zahlung gefordert werden darf; sobald Anspruch auf Zahlung besteht, darf nur noch diese verlangt werden, und die nach Fälligkeit erlangte Sicherstellung ist keine solche, auf welche er im Sinne des § 30 (23) Nr. 2 Anspruch hatte. JW. 97, 421 u. E. 39, 122. II. CS. 25. 6. 97. BPr. VII, 293.

(Vollstreckbare Urkunde.) Eine Unterwerfungserklärung unter die Zwangsvollstreckung nach § 794 (702) Nr. 5 CPO. ist unter den Voraussetzungen des § 30 (23) Nr. 2 anfechtbar. A. 5, 529. II. CS. 6. 5. 82.

(Pfändung.) Unter den Voraussetzungen des § 30 (23) Nr. 2 ist auch die behufs der Vollstreckung eines rechtskräftigen Urteils oder anderen vollstreckbaren Titels bewirkte Pfändung anfechtbar. E. 10, 33. Verein. CS. 6. 12. 83. BPr. I, 541. III. CS. 28. 11. 84. BPr. III, 383. III[a]. CS. 22. 11. 86.

(Pfandrecht.) [Das Recht des Gläubigers auf Befriedigung umfaßt nicht das Recht auf Sicherung. Ein Urteil mit Pfändungstitel giebt keinen Titel für das Pfandrecht.] Die Erwirkung eines Pfandrechts innerhalb des in § 30 (23) Nr. 2 bestimmten Zeitraumes vor der Konkurseröffnung, auf welches der Gläubiger kein Recht hatte, ist aus § 30 (23) Nr. 2 anfechtbar. A. 5, 364. II. CS. 17. 3. 82; dagegen:

Der Gläubiger erhält infolge der Zwangsvollstreckung durch Pfändung nach § 804 (709) CPO. allerdings ein Pfandrecht an den gepfändeten Gegenständen und hierdurch eine Sicherung. Diese Sicherung bildet die notwendige Vermittelung der Zahlung; da das vollstreckbare Erkenntnis ein Recht auf Zahlung giebt, so giebt es auch ein solches auf Sicherung, welche mit der Zwangsvollstreckung verbunden ist. GrB. XXVI, 831. V. CS. 19. 4. 82; dagegen wieder:

Das Pfandrecht des § 804 (709) CPO. ist zwar eine gesetzliche Folge der Pfändung, allein der Vollstreckungstitel begründet nur einen Anspruch auf Befriedigung, nicht auf zwangsweise Sicherung; eine deshalb in den letzten zehn Tagen vor der Konkurseröffnung geschehene Pfändung unterliegt deshalb der Anfechtung. JW. 88, 178. II. CS. 23. 3. 88. JW. 93, 78. VI. CS. 22. 12. 92. Die im Exekutionswege erlangte Sicherung gehört nicht zu denjenigen Sicherungen, auf welche der Gläubiger einen Anspruch hatte. E. 10, 33. Verein. CS. 6. 12. 83. JW. 93, 21. III. CS. 1. 11. 92. — 93, 78. VI. CS. 22. 12. 92.

(Pfändung und Befriedigung.) Die Anfechtung einer Pfändung auf Grund des § 30 (23) Nr. 2 ist nicht ausgeschlossen, auch wenn der Gläubiger vor Eröffnung des Konkursverfahrens durch die Versteigerung der gepfändeten Gegenstände Befriedigung erhalten hat. BPr. I, 542. I. CS. 15. 11. 84. E. 17, 26 u.

BPr. IV, 354. VI. CS. 9. 12. 86 u. JW. 87, 3. VI. CS. 22. 11. 86. — 89, 109. — E. 40, 91. II. CS. 7. 12. 97.

Mögen Zahlungen auch erst geleistet sein, nachdem bereits Mobiliarpfändungen wegen der betreffenden Forderungen stattgefunden haben, so können sie doch nicht als solche Rechtshandlungen angesehen werden, welche dem Anf.Beklagten eine Befriedigung gewähren, auf die er keinen Anspruch gehabt. Die Pfändungspfandrechte sind eben durch die freiwillige Zahlung, der die Zahlung aus dem Versteigerungserlös nicht gleichsteht, erloschen. JW. 91, 254. VI. CS. 23. 3. 91. Geschieht die Zahlung indessen erst nach dem Eröffnungsantrage, so ist sie aus § 30 (23) Nr. 1 anfechtbar, weil der Anf.Beklagte seine Befriedigung nicht durch Versteigerung der gepfändeten Gegenstände und also nicht durch Verfolgung seines Absonderungsrechtes, sondern durch Zahlung seitens des Schuldners erhält. JW. 96, 75. VI. CS. 9. 12. 95. BPr. XXIII, 243.

Zu der nach § 30 (23) Nr. 2 anfechtbaren Sicherung gehört auch eine aus dem Vermögen des Gemeinschuldners vor Eröffnung des Konkursverfahrens durch Einzelanfechtung erlangte Sicherung oder Befriedigung. E. 39, 79. VI. CS. 24. 5. 97.

Befriedigung durch Zahlung ist nur dann nicht anfechtbar, wenn der Gläubiger die Zahlung zur Zeit, als sie erfolgte, beanspruchen und nötigenfalls erzwingen durfte. JW. 98, 52. II. CS. 10. 12. 97.

(Sicherstellung.) Eine von dem Gemeinschuldner bewirkte Sicherstellung des Vermögens seiner Frau unterliegt der Anfechtung, wenn die Frau nur Rückgewähr ihres Vermögens und nicht auch Sicherstellung zu beanspruchen hatte und umgekehrt. E. 7, 110. III. CS. 13. 6. 82 u. JW. 85, 354. III. CS. 27. 10. 85.

(Sicherstellung und Rückgewähr.) Anfechtung ist begründet, wenn der Gemeinschuldner, welcher nur verpflichtet war, das Vermögen seiner Frau in bestimmter Art sicher zu stellen, statt dessen eine Sicherstellung in anderer Art bewirkt hat, oder wenn er seine Frau wegen der Rückgewähr ihres Vermögens, daß sie nur in Geld zu beanspruchen hatte, durch Hingabe an Zahlungsstatt befriedigt hat. BPr. II, 581. E. 15, 19 u. JW. 85, 354. III. CS. 27. 10. 85.

(Bestellung von Faustpfändern.) Unter den Voraussetzungen des § 30 (23) Ziffer 2 sind die Zusage und Bestellung von

Faustpfändern seitens des Gemeinschuldners anfechtbar als Begünstigungen einzelner Gläubiger. A. 6, 370. I. CS. 7. 10. 82.

Übergabe von Sachen an Zahlungsstatt ist anfechtbar, weil dem Gläubiger ein Anspruch auf eine solche nicht zusteht, hierin eine Verminderung des Vermögens des Schuldners zum Nachteil der anderen Gläubiger und somit auch eine Benachteiligung derselben liegt, JW. 98, 52. II. CS. 7. 12. 97; hierunter ist auch zu rechnen eine Zurückgabe der Ware an den Verkäufer zum Ausgleich seiner Kaufpreisforderung. JW. 93, 384. II. CS. 11. 7. 93.

(Hingabe von Wechselrimessen an Zahlungsstatt.) Hingabe von Wechseln statt der verschuldeten Barzahlung ist anfechtbar. GrB. XXVI, 1188. V. CS. 28. 1. 82. BPr. II, 568. II. CS. 13. 10. 85.

Hat ein Dritter, nachdem er vom Gemeinschuldner ein Grundstück unter der Verpflichtung gekauft, einen Teil des Kaufpreises durch Befriedigung nachheriger Konkursgläubiger zu tilgen, diesen Gläubigern gegenüber sich zur Bezahlung ihrer Forderungen verpflichtet, so kann die Anf.Klage aus § 30 (23) Nr. 2 auch gegen diese Konkursgläubiger gerichtet werden. E. 46, 101. VII. CS. 18. 5. 00.

(Anfechtung im Nachlaßkonkurse.) Auch für die Anfechtung im Nachlaßkonkurse kommt zur Feststellung des kritischen Zeitmoments ebensosehr die Zahlungseinstellung wie der Antrag auf Konkurseröffnung in Betracht. BPr. I, 543 u. JW. 85, 93. V. CS. 31. 1. 85. BPr. IX, 168.

(Wirkung der Anfechtung.) Das Anfechtungsrecht aus § 30 (23) Nr. 2 begründet im Konkurse des Anfechtungsbeklagten keinen Anspruch auf Aussonderung. E. 13, 5. II. CS. 20. 1. 85.

§ 31 (24).

Anfechtbar sind:

1. Rechtshandlungen, welche der Gemeinschuldner in der dem anderen Theile bekannten Absicht, seine Gläubiger zu benachtheiligen, vorgenommen hat;
2. die in dem letzten Jahre vor der Eröffnung des Verfahrens geschlossenen, entgeltlichen Verträge des Gemeinschuldners

mit seinem Ehegatten, vor oder während der Ehe,
mit seinen oder seines Ehegatten Verwandten in auf- und absteigender Linie,
mit seinen oder seines Ehegatten voll- und halbbürtigen Geschwistern, oder
mit dem Ehegatten einer dieser Personen,

sofern durch den Abschluß des Vertrages die Gläubiger des Gemeinschuldners benachtheiligt werden und der andere Theil nicht beweist, daß ihm zur Zeit des Vertragsabschlusses eine Absicht des Gemeinschuldners, die Gläubiger zu benachtheiligen, nicht bekannt war.

(Gerichtsstand.) Für die Klage aus § 31 (24) ist der Gerichtsstand der unerlaubten Handlung begründet. E. 10, 329. I. CS. 25. 11. 82 u. 10, 334. II. CS. 16. 6. 83.

Dem Vertrage auf Schaffung eines Pfandrechts ist gleichzustellen, wenn im Einverständnis beider Parteien ein gerichtliches Verfahren nur zum Zweck der Herbeiführung eines richterlichen Pfandrechts eingeschlagen wurde. JW. 98, 53. II. CS. 7. 12. 97.

Wenn ein Schuldner zur Berichtigung einer fälligen Verbindlichkeit sich entschließt, so ist die nächstliegende Annahme die, daß er in der Absicht handelt, seinen Gläubiger zu befriedigen. Einen rechtswidrigen Eingriff in das Befriedigungsrecht anderer Gläubiger begeht er dadurch nicht; selbst dann nicht, wenn er weiß, daß seine übrigen Mittel zur Befriedigung dieser Gläubiger nicht ausreichen, denn Anspruch auf gleichmäßige Befriedigung erlangen die Gläubiger nur durch den Eintritt des in § 30 (23) bezeichneten Konkursverhältnisses. JW. 01, 9. VII. CS. 4. 12. 00.

Benachteiligungsabsicht ist insbesondere dann anzunehmen, wenn der Schuldner, der voraussieht, daß es zum Zusammenbruche kommen muß, einem Gläubiger durch Verpfändung der vorhandenen Liegenschaften auf Kosten der übrigen Gläubiger diejenige Befriedigung sichern will, welche er ihm in Ermangelung von bereiten Mitteln nicht gewähren kann, und wenn der von dem sichergestellten Gläubiger bewilligte Aufschub nicht den Zweck hat, dem Schuldner die Möglichkeit des Wiederaufkommens zu verschaffen, sondern nur die Eröffnung des Konkursverfahrens hinauszuschieben und die Anfechtung auf Grund des § 30 (23) Nr. 2 auszuschließen. JW. 92, 59. VI. CS. 30. 11. 91.

Die Präsumtion der Fraudulosität ist dann nicht als beseitigt zu erachten, wenn der Gemeinschuldner für eine bestehende Forderung durch Bestellung einer nicht versprochenen Hypothek Sicherheit geleistet hat. JW. 99, 815. II. CS. 7. 11. 99.

Nr. 1.

(Anwendbarkeit.) § 31 (24) Nr. 1 bezieht sich auf alle Rechtshandlungen und unterscheidet nicht, ob zur Zeit ihrer Vornahme schon ein bloßer Konkursanspruch der Gläubiger bestand und verletzt wurde oder nicht; es kommt nicht auf eine durch die Rechtshandlung eingetretene Benachteiligung, noch auf bestandene Vermögensunzulänglichkeit und das Bewußtsein davon, sondern nur auf die Absicht, den Gläubigern, welche es auch seien, Gegenstände ihrer Befriedigung zu entziehen, und darauf an, daß dieselben Befriedigung nicht erlangen können. A. 6, 119. V. CS. 24. 6. 82.

Vgl. im allgemeinen die Entscheidungen bei § 3 des Anf.-Gesetzes.

Zum Unterschiede von der Vorschrift des § 30 (23) Nr. 1, wo erfordert wird, daß die Gläubiger durch die Eingehung des Rechtsgeschäfts, und von der des § 31 (24) Nr. 2, wo die Gläubiger durch den Abschluß des Geschäfts, d. h. also nicht durch die später eingetretenen Umstände benachteiligt sein müssen, ist die nach § 31 (24) Nr. 1 erforderliche Benachteiligung gegeben, auch dann, wenn der Schuldner für das, was er weggegeben oder aufgegeben hat, eine dem Werte entsprechende Gegenleistung gewährt war. JW. 94, 429 u. E. 33, 120. VI. CS. 14. 6. 94.

Die Absicht, die Gläubiger zu benachteiligen, ist dann nicht vorhanden, wenn nur das Bewußtsein vorliegt, daß die betreffende Rechtshandlung die übrigen Gläubiger benachteiligen könne. BPr. I, 536 u. E. 11, 173 u. JW. 84, 174. II. CS. 20. 5. 84.

Aus dem erwiesenen Bewußtsein des Schuldners allein, daß durch die Befriedigung oder Sicherstellung eines Gläubigers für die anderen Gläubiger hinreichende Befriedigungsmittel nicht übrig bleiben würden, folgt nicht, der Schuldner habe mit der Absicht gehandelt, seine übrigen Gläubiger zu benachteiligen. JW. 96, 357. V. CS. 20. 5. 96.

Das Bewußtsein des Anf.Beklagten, daß er durch die Anfechtung begünstigt werde, schließt allein noch nicht das Bewußtsein

ein, daß andere Gläubiger benachteiligt werden. BPr. V, 333. VI. CS. 10. 11. 87.

Betreffend die Kenntnis des Anf.Beklagten von der fraudulösen Absicht des Gemeinschuldners genügt es, wenn der „andere Teil“ im allgemeinen den Gläubigerbenachteiligungswillen des Gem.Schuldners kennt, d. h. daß er seinerseits überzeugt ist, der Gemeinschuldner handle mit diesem Willen. Daß er auch die besondere Art und Weise gekannt habe, in welcher der Schuldner seine Absicht ausführen wollte und ausführte, ist nicht erforderlich. JW. 02, 25. VII. CS. 19. 11. 01.

Die Veräußerung ist anfechtbar, wenn der Prokurist in dem dem Dritten bekannten Bewußtsein, daß die Gläubiger benachteiligt werden, an jenen veräußert. BPr. II, 585. III. CS. 17. 11. 85.

Was von Deckungs- und Erfüllungsgeschäften beim Anf.Gesetz gesagt ist, gilt auch hier; der Anf.Kläger muß besondere Umstände darthun, daß der Schuldner nicht bloß die Absicht der Befriedigung des einzelnen Gläubigers, sondern vielmehr noch die Absicht, die anderen Gläubiger zu benachteiligen, gehabt hat. JW. 94, 429 u. E. 33, 120. VI. CS. 14. 6. 94.

Die Sicherstellung des Heiratsgutes der Ehefrau des Gemeinschuldners, von besonderen Umständen abgesehen, kann nicht angefochten werden, wenn der Gemeinschuldner gesetzlich oder durch einen vor mehr als zwei Jahren vor der Eröffnung des Verfahrens geschlossenen Vertrag zu der Sicherstellung verpflichtet war. JW. 93, 427 u. E. 31, 125. VI. CS. 26. 6. 93.

Unter Heiratsgut ist das durch Verfügung unter Lebenden oder von Todeswegen zu Gunsten der Ehe gewidmete Vermögen zu verstehen. Beruht die Zuwendung auf Verfügung eines Dritten, so wird die Zurückgabe des Zugewendeten seitens eines der Ehegatten an den Zuwendenden unter Umständen als Rückgewähr des Heiratsgutes anzusehen sein. Wird der Dritte verklagt, so stehen ihm auch alle diejenigen Einwendungen zu, welche der Ehefrau zustehen, er ist also befugt, geltend zu machen, daß der Gemeinschuldner durch das Gesetz zur Rückgabe verpflichtet war, sei es, weil er sich eines Betruges zur Herbeiführung der Zuwendung oder weil er sich sonst einer unerlaubten Handlung in Bezug auf die fragliche Verfügung schuldig gemacht hat. JW. 01, 517. VII. CS. 24. 5. 01.

(Benachteiligung.) Neben der Absicht, die Gläubiger zu benachteiligen, und der Kenntnis des Anfechtungsbeklagten von dieser Absicht, ist nicht noch das besondere Erfordernis der objektiven Benachteiligung der Gläubiger aufgestellt. JW. 85, 125, vom 12. 11. 84 u. I. CS. 4. 2. 85.

(Zahlung fälliger Schuld.) Auch die Zahlung fälliger Forderungen kann die Anfechtung nach § 31 (24) Nr. 1 der Konkursordnung begründen. E. 16, 61. II. CS. 6. 7. 86.

(Hingabe an Zahlungsstatt.) Hingabe an Zahlungsstatt ist der Anfechtung nicht entzogen. BPr. I, 545. V. CS. 29. 11. 84 u. II. CS. 1. 5. 85.

Nr. 2.

Unter „Verträgen" ist jede Gewährung eines Rechts durch Willensbedingung zu verstehen, bei welcher als Rechtssubjekte mit auf diesen Zweck gerichteten Handlungen in dem im 31 (24) Nr. 2 bezeichneten Verwandtschaftsverhältnisse stehende Personen einander gegenübertreten. BPr. IX, 166.

Der zwischen dem Anf.Beklagten und dem Schuldner geschlossene Vertrag, welcher der Beurteilung nach § 31 (24) Nr. 2 unterliegt, kommt seinem ganzen Inhalte nach stets nur so in Betracht, wie er von den Kontrahenten gemeint und gewollt ist; ist er, wenn auch über verschiedene Objekte geschlossen, als einheitlicher gemeint worden, so ist nicht im einzelnen zu prüfen, ob der Wert des einen Objekts etwa einen Überschuß über den Kaufpreis ergiebt. JW. 97, 653. II. CS. 9. 11. 97.

Wird eine vor dem kritischen Jahre begründete Verpflichtung im kritischen Jahre erfüllt, so hat der Anf.Kläger den Beweis für die Kenntnis des Beklagten von der betrügerischen Absicht des Gemeinschuldners zu führen, auch wenn an sich diese Absicht des Gemeinschuldners erwiesen ist. JW. 97, 85 u. E. 38, 102. III. CS. 18. 12. 96.

Bildet im Falle des § 31 (24) Nr. 2 das Eingehen einer Wechselverbindlichkeit den Gegenstand der Anfechtung, so hat der Anf.Beklagte außer dem Beweise der Nichtkenntnis der fraudulösen Absicht des Gemeinschuldners auch den Nachweis zu führen, daß und welches Rechtsgeschäft der Wechselverpflichtung zu Grunde liegt, und daß die Wechselverbindlichkeit eine Benachteiligung der Gläubiger nicht herbeigeführt habe. JW. 90, 42 u. E. 26, 75. I. CS. 7. 12. 89.

Der vom Anf.Beklagten zu erbringende Beweis kann dadurch geführt werden, daß erwiesen wird, eine Benachteiligungsabsicht des Gemeinschuldners habe überhaupt nicht bestanden, JW. 01, 123. VII. CS. 15. 1. 01, denn fehlte dem Gemeinschuldner oder dessen Vertreter die Absicht der Benachteiligung, so kann der Beklagte solche auch nicht kennen. BPr. IX, 169.

(Benachteiligung.) Benachteiligung der Gläubiger ist auch dann nicht als ausgeschlossen anzusehen, wenn das Entgelt dem Werte der veräußerten Gegenstände völlig entspricht. E. 18, 122 u. JW. 87, 208. III. CS. 5. 4. 87.

(Verträge vor Eingehung der Ehe.) Verträge, welche der Gemeinschuldner mit den Verwandten seiner Ehegattin vor Eingehung der Ehe geschlossen, sind aus § 31 (24) Nr. 2 nicht anfechtbar. A. 6, 370. I. CS. 7. 10. 82.

§ 32 (25).

Anfechtbar sind:

1. die in dem letzten Jahre vor der Eröffnung des Verfahrens von dem Gemeinschuldner vorgenommenen unentgeltlichen Verfügungen, sofern nicht dieselben gebräuchliche Gelegenheitsgeschenke zum Gegenstande hatten;
2. die in den letzten zwei Jahren vor der Eröffnung des Konkurses von dem Gemeinschuldner vorgenommenen unentgeltlichen Verfügungen zu Gunsten seines Ehegatten.

Eine unentgeltliche Verfügung ist nur dann gegeben, wenn die Unentgeltlichkeit auf beiden Seiten vorliegt, sowohl auf seiten des Verfügenden wie des Empfangenden, JW. 89, 68. I. CS. 22. 12. 88, d. h. der Anf.Beklagte einen Wert erlangt hat ohne Opfer, dem Gemeinschuldner etwas zum Nachteil seiner Gläubiger ohne jeden Vorteil entzogen ist. BPr. VII, 282.

Die entgeltlichen Verfügungen unterscheiden sich von den unentgeltlichen nicht nach dem Zweck oder Motiv, sondern durch ihren Inhalt. Zur Entgeltlichkeit ist nicht erforderlich, daß die Erlangung einer Gegenleistung den Beweggrund zu der Verfügung abgegeben hat. Das Unterscheidungsmerkmal wird durch den Umstand gebildet, ob in der That eine Gegenleistung erfolgt ist oder nicht. JW. 93, 295. V. CS. 29. 4. 93.

Freiwillige Hypothekenbestellung ist keine unentgeltliche Verfügung. A. 5, 366. III. CS. 31. 1. (24. 2.) 82.

Nr. 1.

(Gerichtsstand.) Für Anf.Klagen aus § 32 (25) Nr. 1 ist der gewöhnliche, nicht der Gerichtsstand der unerlaubten Handlung begründet. E. 10, 336. II. CS. 16. 6. 83.

Die Zusage und Bestellung von Faustpfändern seitens des Gemeinschuldners sind auch dann nicht als unentgeltliche Verfügungen anfechtbar, wenn das Versprechen der Faustpfandbestellung nicht vor Hingabe des Darlehns, sondern erst unmittelbar vor oder bei der Pfandbestellung selbst erfolgte. A. 6, 370. I. CS. 7. 10. 82.

Die Anfechtung einer Wechselforderung findet nicht aus § 32 (25) Nr. 1 statt, wenn der Wechsel gegen Rückgabe und Vernichtung eines anderen Wechsels ausgestellt ist, welcher, wenn auch aus unentgeltlicher Verfügung, früher als im letzten Jahre vor Eröffnung des Konkursverfahrens dem Wechselgläubiger ausgestellt war. BPr. III, 386. I. CS. 3. 2. 86.

Die Bezahlung der Privatschuld eines vermögenslosen Gesellschafters durch die offene Handelsgesellschaft, bei der allen Teilen die Zahlungsunfähigkeit des Gesellschafters bekannt war, und für welche eine Gegenleistung nicht gewährt werden sollte, stellt sich als unentgeltliche Verfügung dar und unterliegt im Konkurse der Gesellschaft der Anfechtung aus § 32 (25) Nr. 1. E. 38, 6. VI. CS. 12. 10. 96. BPr. XXIII, 238.

§ 33 (26).

Rechtshandlungen, welche früher als sechs Monate vor der Eröffnung des Verfahrens erfolgt sind, können aus dem Grunde einer Kenntniß der Zahlungseinstellung nicht angefochten werden.

(Frist.) Die sechsmonatliche Frist ist keine prozessualische, sie gehört dem materiellen Rechte an, und deshalb sind die Bestimmungen des § 222 (200) CPO. auf sie nicht anwendbar. BPr. III, 382. E. 17, 328 u. JW. 86, 414. II. CS. 9. 11. 86.

Die Bestimmung des § 33 (26) hat nicht bloß auf § 30 (23) Nr. 1, sondern ebenso auch auf § 30 (23) Nr. 2 Bezug; nur Zahlungseinstellungen, welche innerhalb sechs Monaten vor dem Beginn des Konkurses erfolgten, berechtigen zur Anfechtung. JW. 90, 160. VI. CS. 2. 4. 90. BPr. X, 250. E. 25, 86. VI. CS. 10. 3. 90.

§ 34 (27).

Wechselzahlungen des Gemeinschuldners können auf Grund des § 30 Nr. 1 von dem Empfänger nicht zurückgefordert werden, wenn nach Wechselrecht der Empfänger bei Verlust des Wechselanspruchs gegen andere Wechselverpflichtete zur Annahme der Zahlung verbunden war.

Die gezahlte Wechselsumme muß von dem letzten Wechselregreßschuldner oder, falls derselbe den Wechsel für Rechnung eines Dritten begeben hatte, von diesem erstattet werden, wenn dem letzten Wechselregreßschuldner oder dem Dritten zu der Zeit, als er den Wechsel begab oder begeben ließ, einer der im § 30 Nr. 1 erwähnten Umstände bekannt war.

Die Anwendung des § 34 (27) Abs. 2 ist nur in den Fällen gegeben, in welchen Abs. 1 zutrifft, denn Abs. 2 stellt nicht einen allgemeinen von den Voraussetzungen des Abs. 1 unabhängigen Grundsatz auf. E. 40, 40. II. CS. 15. 10. 97.

§ 35 (28).

Die Anfechtung wird dadurch nicht ausgeschlossen, daß für die anzufechtende Rechtshandlung ein vollstreckbarer Schuldtitel erlangt, oder daß dieselbe durch Zwangsvollstreckung oder durch Vollziehung eines Arrestes erwirkt worden ist.

---

§ 35 (28) läßt die Anfechtung von Urteilen, durch welche der vollstreckbare Titel erlangt wurde, zu, denn durch ein solches Urteil wird nur Recht unter den streitenden Parteien über das Rechtsverhältnis, welches Gegenstand des Rechtsstreites geworden, gesprochen; der im Interesse der sämtlichen Konkursgläubiger geltend zu machende Anfechtungsanspruch ist gar nicht Gegenstand des Rechtsstreites gewesen. E. 18, 138. II. CS. 29. 4. 87.

§ 36 (29).

Das Anfechtungsrecht wird von dem Verwalter ausgeübt.

Wenn das Konkursverfahren durch Zwangsvergleich beendet ist, steht dem Gemeinschuldner nicht das Recht zu, eine vom Konkursverwalter erhobene Anfechtungsklage fortzusetzen. E. 7, 35. II. CS. 14. 3. 82. BPr. II, 599. JW. 93, 254. VI. CS. 23. 2. 93.

Das Anfechtungsrecht im Konkurse steht nur dem Verwalter und nicht dem einzelnen Gläubiger zu. JW. 93, 563. I. CS. 28. 10. 93.

Der Konkursverwalter kann das ihm zustehende Anfechtungsrecht mit rechtlicher Wirkung nicht an einen Dritten, auch keinen Gläubiger des Gemeinschuldners abtreten. JW. 93, 97 u. E. 30, 71. VI. CS. 5. 1. 93.

Den Konk.Gläubigern steht das Recht zu, dem Konk.Verwalter in den von ihm eingeleiteten Anf.Prozessen als Nebenintervenienten beizutreten. JW. 89, 203. VI. CS. 16. 4. 89. — 91, 273. II. CS. 24. 4. 91.

Die von seiten des Konk.Verwalters erstrittene Unwirksamkeitserklärung einer Rechtshandlung des Gemeinschuldners wirkt nur zu Gunsten der Konkursmasse, daher zu Gunsten eines Gläubigers des Gemeinschuldners nur in dessen Eigenschaft als Konk.-Gläubiger, nicht auch soweit er in der Eigenschaft eines Absonderungsberechtigten abgesonderte Befriedigung geltend machen will. JW. 90, 130 u. E. 25, 63. II. CS. 11. 3. 90.

§ 37 (30).

Was durch die anfechtbare Handlung aus dem Vermögen des Gemeinschuldners veräußert, weggegeben oder

aufgegeben ist, muß zur Konkursmasse zurückgewährt werden.

Der gutgläubige Empfänger einer unentgeltlichen Leistung hat dieselbe nur soweit zurückzugewähren, als er durch sie bereichert ist.

(Zweck.) Die Bestimmung des § 37 (30) bezweckt nur, für die Masse denjenigen Zustand wieder herzustellen, welcher ohne die angefochtene Handlung bestehen würde; hiernach hat der Anfechtungsbeklagte nicht mehr als dasjenige zurückzugewähren, was aus dem Vermögen des Schuldners herausgekommen ist. E. 16, 26. BPr. III, 374 u. JW. 86, 229. II. CS. 18. 5. 86 u. JW. 88, 178. III. CS. 23. 3. 88.

Der Anfechtungsanspruch besteht nicht in der Wiederherstellung des früheren Zustandes, sondern geht nur auf Zurückgewährung des vom Anf.Beklagten aus dem Vermögen des Schuldners erlangten Vorteils. Der Anf.Beklagte hat keinen Anspruch darauf, daß seine Rechtslage so zu beurteilen sei, wie wenn die angefochtene Rechtshandlung nicht bestände. E. 22, 377. II. CS. 6. 11. 88.

Maßgebend für den Umfang der Rückgewähr ist die ungerechtfertigte Benachteiligung der Gläubiger, und hiernach ist alles zu restituieren, was der Masse entzogen ist, also auch der Zuwachs, welchen die Sache an Früchten, Zinsen u. s. w. der Masse gewährt haben würde, wenn sie sich von vornherein bei der Masse befunden hätte. JW. 89, 109. I. CS. 7. 11. 88. BPr. VII, 294. JW. 94, 519. VI. CS. 1. 10. 94. Dieser Satz bezieht sich indessen nur auf den Fall, daß es sich um ein Kapital und nicht etwa um aus dem Vermögen des Schuldners herausgekommene Mobilien handelt, welche nicht nachweisbar Früchte getragen haben. E. 24, 145. II. CS. 9. 11. 89.

Es ist davon auszugehen, daß in Betreff dessen, was zurückzugewähren ist, also auch des Umfanges des Zurückzugewährenden, neben § 37 (30) KO. nicht auch die verschiedenen Landesgesetze heranzuziehen sind. Hinsichtlich des Umfanges der Verbindlichkeit zur Zurückgewährung ist nicht etwa zu entscheiden, ob der Empfänger sich in gutem oder bösem Glauben befindet. JW. 89, 479 u. E. 24, 141. II. CS. 15. 11. 89.

Der Anf.Beklagte hat zurückzugewähren, was durch die anfechtbare Handlung aus dem Vermögen des Gemeinschuldners entfernt ist und zwar durch Ersatz des Wertes, insofern die Rückgabe in Natur nicht mehr möglich ist. Der Empfänger der in anfechtbarer Weise erworbenen Sachen kann sich daher von der Pflicht der Rückgewähr nicht durch Veräußerung oder Abtretung seiner Rechte befreien. JW. 93, 308. III. CS. 5. 5. 93.

Auch bei der in seinem Auftrage erfolgten Veräußerung eines anfechtbaren Vollstreckungspfandes muß der Gläubiger (Anf.Bekl.) den Wert der Sache zurückgewähren bezw. ersetzen. A. 4, 511. V. CS. 29. 10. 81. E. 17, 30 u. JW. 87, 14. VI. CS. 9. 12. 86. JW. 88, 179. III. CS. 23. 3. 88.

Bei Anfechtung einer Hypothek durch den Konk.Verwalter ist das Grundstück der Konkursmasse gegenüber als von derselben befreit anzusehen; hieraus folgt, daß der beim Zwangsverkauf auf die angefochtene Hypothek fallende Teil des Kaufgeldes an Stelle des betr. Gläubigers der Konk.Masse zugewiesen werden muß (nicht etwa den nachstehenden Hypothekengläubigern). JW. 89, 109. V. CS. 23. 1. 89. BPr. VII, 290. Im übrigen aber ist der Konk.Verwalter auch zu dem Anspruch auf Löschung einer auf dem zur Masse gehörenden Grundstück lastenden Hypothek befugt. JW. 93, 138.

Standen dem Gemeinschuldner mehrere Personen als Kontrahenten gegenüber, so haftet jede einzelne derselben nach dem Verhältnis, in welchem sie dem Gemeinschuldner gegenüber rechtlich an dem Rechtsgeschäft beteiligt ist. JW. 89, 479 u. E. 24, 141. II. CS. 15. 11. 89.

(Bereicherung.) Was unter Bereicherung zu verstehen ist, ist nach Landesrecht zu beurteilen; im Sinne des § 37 (30) Abs. 2 darf aber nicht eine Bereicherung auch darin gefunden werden, daß durch eine unentgeltliche Verfügung des Gemeinschuldners eine Forderung des Empfängers an einen Dritten getilgt ist. E. 29, 1. III. CS. 12. 2. 92.

Der anfechtende Konkursverwalter hat im Konkursverfahren des anderen Mitkontrahenten wegen der in der anderen Masse noch vorhandenen Sachen des Gemeinschuldners kein Aussonderungsrecht, vielmehr besteht wegen der Rückgewähr nur ein persönlicher Anspruch. BPr. I, 555. II. CS. 20. 1. 85.

§ 38 (31).

Die Gegenleistung ist aus der Konkursmasse zu erstatten, soweit sie sich in derselben befindet, oder soweit

die Masse um ihren Wert bereichert ist. Darüber hinaus kann ein Anspruch nur als Konkursforderung geltend gemacht werden.

(Anwendbarkeit [Bereicherung].) § 38 (31) findet nur Anwendung, d. h. eine Bereicherung der Konkursmasse liegt dann vor, wenn die Gegenleistung im Stücke vorhanden oder deren Wert dergestalt in die Masse gekommen ist, daß seitens des Anfechtungsbeklagten eine Zahlung erst nach eröffnetem Konkurse zur Masse erfolgt, oder die vorher geleistete Sache bereits veräußert und der rückständige Erlös erst nach eröffnetem Verfahren in die Masse gelegt ist; — oder doch mindestens dann nur, wenn der Wert der Gegenleistung vom Gemeinschuldner auf die Masse übergegangen ist. E. 16, 23 u. JW. 86, 229. II. CS. 18. 5. 86.

§ 39 (32).

Wenn der Empfänger einer anfechtbaren Leistung das Empfangene zurückgewährt, so tritt seine Forderung wieder in Kraft.

Der Anf.Klage des Konk.Verwalters steht die Einrede nicht entgegen, daß der Saldo des Kontokorrents, in welchem dem Gemeinschuldner die angefochtene Leistung gutgeschrieben war, nach Anerkennung im Prüfungstermine in die Konkurstabelle eingetragen sei. E. 27, 91. II. CS. 13. 3. 91. Vgl. oben bei § 29.

§ 40 (33).

Die gegen den Erblasser begründete Anfechtung findet gegen den Erben statt.

Gegen einen anderen Rechtsnachfolger desjenigen, welchem gegenüber die anfechtbare Handlung vorgenommen ist, findet die gegen den letzteren begründete Anfechtung statt:

1. wenn ihm zur Zeit seines Erwerbes die Um-

stände, welche die Anfechtbarkeit des Erwerbes seines Rechtsvorgängers begründen, bekannt waren;

2. wenn er zu den im § 31 Nr. 2 genannten Personen gehört, es sei denn, daß ihm zur Zeit seines Erwerbes die Umstände, welche die Anfechtbarkeit des Erwerbes seines Rechtsvorgängers begründen, unbekannt waren;
3. wenn ihm das Erlangte unentgeltlich zugewendet worden ist.

Im Falle des Abs. 2 Nr. 3 findet auf die Haftung des Rechtsnachfolgers die Bestimmung des § 37 Abs. 2 Anwendung.

Anfechtung auf Grund des § 40 (33) ist dem Rechtsnachfolger gegenüber ausgeschlossen, wenn seine Rechtsvorgänger ihm einen diesem gegen den Schuldner zustehenden vollstreckbaren Schuldtitel mit der durch denselben erlangten Pfändung und hierdurch erworbenen Pfandrecht abtrat, er durch die Versteigerung der gepfändeten Sachen Befriedigung erhalten hatte, und ihm nicht nachgewiesen wird, daß ihm eine betrügerische Absicht des Gemeinschuldners bei Vornahme der fraglichen Rechtshandlung bekannt war. JW. 93, 542 u. E. 32, 22. VI. CS. 19. 10. 93. — E. 34, 60. II. CS. 9. 11. 94.

Zu Abs. 2 vgl. E. 39, 79 v. 24. 5. 97, oben S. 53.

§ 41 (34).

Die Anfechtung kann nur binnen Jahresfrist seit der Eröffnung des Verfahrens erfolgen. Auf den Lauf der Frist finden die für die Verjährung geltenden Vorschriften des § 203 Abs. 2 und des § 207 des Bürgerlichen Gesetzbuchs entsprechende Anwendung. Die Anfechtung nach § 31 Nr. 1 ist ausgeschlossen, wenn seit der Vornahme der Handlung dreißig Jahre verstrichen sind.

Ist durch die anfechtbare Handlung eine

Verpflichtung des Gemeinschuldners zu einer Leistung begründet, so kann der Konkursverwalter die Leistung verweigern, auch wenn die Anfechtung nach Abs. 1 ausgeschlossen ist.

Die §§ 203 Abs. 2 u. 207 BGB. sind oben (S. 34) abgedruckt.

§ 42.

Die Vorschriften über die Anfechtung der vor der Eröffnung des Verfahrens vorgenommenen Rechtshandlungen gelten auch für die Anfechtung von Rechtshandlungen, die nach der Eröffnung des Verfahrens vorgenommen worden sind, sofern diese nach den §§ 892, 893 des Bürgerlichen Gesetzbuchs den Konkursgläubigern gegenüber wirksam sind. Die Frist für die Ausübung des Anfechtungsrechts beginnt mit der Vornahme der Rechtshandlung.

BGB. § 892. Zu Gunsten desjenigen, welcher ein Recht an einem Grundstück oder ein Recht an einem solchen Rechte durch Rechtsgeschäft erwirbt, gilt der Inhalt des Grundbuchs als richtig, es sei denn, dass ein Widerspruch gegen die Richtigkeit eingetragen oder die Unrichtigkeit dem Erwerber bekannt ist. Ist der Berechtigte in der Verfügung über ein im Grundbuch eingetragenes Recht zu Gunsten einer bestimmten Person beschränkt, so ist die Beschränkung dem Erwerber gegenüber nur wirksam, wenn sie aus dem Grundbuch ersichtlich oder dem Erwerber bekannt ist.

Ist zu dem Erwerbe des Rechtes die Eintragung erforderlich, so ist für dle Kenntnis des Erwerbers die Zeit der Stellung des Antrags auf Eintragung oder, wenn die nach § 873 erforderliche Einigung erst später zu Stande kommt, die Zeit der Einigung massgebend.

§ 893. Die Vorschriften des § 892 finden entsprechende Anwendung, wenn an denjenigen, für welchen ein Recht im Grundbuch eingetragen ist, auf Grund dieses Rechtes eine Leistung bewirkt oder wenn zwischen ihm und einem Anderen in Ansehung dieses Rechtes ein nicht unter die Vorschriften des § 892 fallendes Rechtsgeschäft vorgenommen wird, das eine Verfügung über das Recht enthält.

Sachregister.

Die Zahlen bedeuten die Seiten.

Lippert & Co. (G. Pätz'sche Buchdruckerei), Naumburg a. S.

Lippert & Co. (G. Pätz'sche Buchdr.), Naumburg a/S.

FSC
www.fsc.org
MIX
Papier | Fördert gute Waldnutzung
FSC® C083411

Kolibri 360 GmbH
Ferdinand-Jühlke-Straße 7
99095 Erfurt, Deutschland
produktsicherheit@kolibri360.de